陶行知
教育诗篇研读

四川省陶行知研究会 编著

四川教育出版社

图书在版编目（CIP）数据

陶行知教育诗篇研读 / 四川省陶行知研究会编著. 成都：四川教育出版社, 2025.2. -- ISBN 978-7-5408-9556-3

Ⅰ.G40-092.6

中国国家版本馆CIP数据核字第2025LN9128号

陶行知教育诗篇研读
TAO XINGZHI JIAOYU SHIPIAN YANDU

四川省陶行知研究会　编著

出 品 人	雷　华
策划组稿	卢亚兵
责任编辑	赵若竹
责任校对	刘正含
封面设计	庞　毅
责任印制	李栩彤
出版发行	四川教育出版社
地　　址	四川省成都市锦江区三色路238号新华之星A座
邮政编码	610023
网　　址	www.chuanjiaoshe.com
制　　作	四川云猫创意文化传播有限公司
印　　刷	成都新凯江印刷有限公司
版　　次	2025年2月第1版
印　　次	2025年9月第2次印刷
开　　本	787mm×1092mm　1/16
印　　张	11.25
字　　数	183千
书　　号	ISBN 978-7-5408-9556-3
定　　价	49.80元

如发现质量问题，请与本社联系。总编室电话：（028）86365120

辽阔的世界，
宏伟的人生。
长年累月，
真诚勤奋，
不断探索，
不断创新。
周而复始，
从不停顿，
忠于守成，
而又乐于迎新。
心情舒畅，
目标纯正，
这样又会前进一程！
——喜读陶行知教育讨论，
别敬作诗志贺

章玉钧 2025年3月

四川省陶行知研究会原会长章玉钧题词

教人求真

振铣 乙巳春

四川省陶行知研究会会长赵振铣题词

本书编委会

顾　问

陶　侃　　陶　铮

主　编

赵振铣

副　主　编

杨　东　　席晓艳

执行主编

龚光军

编委会成员

（按姓氏笔画排序）

王雨露	王承鳌	毛道生	文　力	尹建羽	尹　艳
邓宗胜	卢　志	兰　涵	刘传星	刘　洪	汤　勇
苏绍琼	杜学元	李小平	李代慧	李　贞	李　军
李　清	李镇西	杨建平	杨淑骅	吴小虎	邱滋培
张为荃	张先华	张光远	陆小平	罗国林	罗运辉
周晓娟	周　鸿	郑　霖	郝汉坪	柏　雪	唐　元
徐　猛	蒋　雯	鄢小红	廖　丹	潘明剑	魏红桔

序言一

陶行知教育诗篇的当代诠释与育人使命

由四川省陶行知研究会（以下简称"川陶会"）编著的《陶行知教育诗篇研读》即将付梓。川陶会会长寄来书稿清样，嘱我看看，要求题写点感言，共襄盛举。

一、众智之成——陶诗专著诞生的重大意义

首先，我要对本书作者表达衷心敬意与祝贺，深感这是一本集众智、有分量的学陶专著，殊为难得。编著作者阵容庞大，实力雄厚，不乏国内、省内的名师、名校长和优秀的教育管理骨干，他们长期以陶为师，把学、研、践、创陶行知生活教育思想和兴教育人、全面贯彻党的教育方针政策紧密结合并取得了累累成果。本书以教师专业标准中专业理念与师德、专业知识、专业能力为暗线，把浩如烟海的陶诗分类串联、研读，意在帮助读者更加系统和有针对性地学习陶行知教育诗。

我深信，读者在饶有兴致地品读陶诗和参看同行们的研读文章后，会进一步加深对陶行知的认识，加深对他的生活教育理念和经验的认同，加深对学习陶行知精神（如大爱无疆、奉献、创造、追求真理、终身学习等）的认知。这对做一个新时代的好教师、卓越校长和优秀的教育管理者是大有裨益的。我还认为，学生家长和社会人士如获此书，也会开卷有益，对做一个好家长、好公民也颇具启迪。

二、诗教相融——陶诗教育哲学的时代回响

在中国，诗歌一直是中华文化的瑰宝，诗歌教育在中国教育中也有着极为重要的地位。在这方面，陶行知是一位突出的典范。他的教育诗篇具有以诗言志、以诗传情、以诗施教的历史价值，其在教育实践中表征出了生活气息的特色

亮点、追求创造的逻辑主线和立德树人的要义旨归等时代意蕴。

回顾自己这几十年学陶、师陶的过程，也从不少陶诗中深受教益。我也喜欢把一些陶诗朗诵给朋友和晚辈们共享。比如《诗的学校》一诗，竭力强调要运用社会和自然作教育资源，倡导开放式教育场景，体现了他的"社会即学校""生活即教育"的重要主张，这首诗专门讲了"书呆不在兹"，令人印象深刻。又如《手脑相长歌》一诗，反对手脑分离，要"手脑双挥"，更要"手脑双全"，强调既要会体力劳动，又要会脑力劳动。这与我们新时代党的教育方针在全面发展中专门加了"劳"，多么息息相通，也多么重要啊！再如，《三代》一诗，既深刻，又有趣，巧用老子、儿子、孙子的比喻，揭示"行—知—创"的教育逻辑，既体现了生活教育的方法论，又体现出创造的过程论，还指明了生活教育强调以做为中心的内涵。而且从他的"创造过程论"中引出"创造并不是高不可攀的事"，按照"行—知—创"的理路去做，可以形成"处处是创造之地，天天是创造之时，人人是创造之人"的生动局面。这些精神财富，对于回答"钱学森之问"，加快实施创新驱动发展战略和培育新质生产力都具有极其重要的时代价值。

三、教育强国——行知精神传承的使命愿景

《教育强国建设规划纲要（2024—2035年）》不仅明确了未来十年我国教育改革的方向，还为各级各类教育机构提供了清晰的行动指南。教育强国建设是实现中华民族伟大复兴的重要支撑，需根植本土教育智慧。陶行知教育思想和办学实践经验为此提供了理论根基与实践范式，以"诗教"润心，以"行知"育人，必能助益培育堪当民族复兴重任的时代新人，书写中国式教育现代化的新篇章。

陶行知的诗歌蕴含教育智慧，充满教育力量。譬如在《自立立人歌》中，陶行知强调"自己的事自己干，别人的事帮忙干"，才算是好汉。这与我们党强调共产党员应该"吃苦在先，享受在后"，应该"关心他人比关心自己为重"，应该首先做到"我为人人"等是息息相通的。联系起陶先生本人的高尚人格与伟大的奉献精神，"捧着一颗心来，不带半根草去""于人有益，牛马也做"……真令人肃然起敬！教育作为实现中华民族伟大复兴的一项基础工作，广大教育工作者、家

长和关心下一代健康成长的每一个中国人，都应当通力合作，让学校教育、家庭教育与社会教育同向发力，使年轻一代能够自觉、自立、自强，进一步做到自觉觉人、自立立人、自强强人。

长江后浪推前浪，世上新人赶旧人。面对中华民族伟大复兴战略全局，教育工作者要善用"觉人—立人—强人"的育人逻辑：以文化自觉唤醒精神成长，以实践自立锻造核心素养，以创新自强培育关键能力。这种以生命唤醒生命、以人格塑造人格的"行知式实践"，正是我们回应时代命题的最佳答卷。这次川陶会组织专家们撷英拾萃，编著了研读专著，做了一件大好事。愿此书能引发教育同人的共创共享，汇聚起培养德智体美劳全面发展的社会主义建设者和接班人的磅礴力量。

四川省陶行知研究会第二任会长

序言二

不读行知，何以为师

在 20 世纪上半叶的中国，教育家可谓群星璀璨，但论在当代中国教师中知名度高者，当首推陶行知。在我去过的很多学校，都能看到教育家陶行知的肖像、塑像，或"捧着一颗心来，不带半根草去""千教万教教人求真，千学万学学做真人"等陶行知语录。不过很遗憾，不少教师对陶行知的了解也就仅此而已。作为一名中国教师，如果对陶行知富有中国气派的教育理论和实践缺乏深入了解，很难称得上是完整合格的教师。我的朋友张圣华先生曾在《陶行知教育名篇》的序言中说："一个没有读过陶行知的人，怎么可以在中国做教师呢？"是的，在中国，不读行知，何以为师？

我在大学时代没听说过陶行知。估计不少年轻的朋友会感到吃惊："难道读师范时，老师不讲陶行知吗？"是的，虽然 1946 年陶行知去世时，毛泽东主席给了他"伟大的人民教育家"的称号，可 1951 年，受批判电影《武训传》的影响，陶行知也被批判了，致使对陶行知及其教育思想的研究成了空白。直到改革开放后的 1981 年，中共中央以纪念陶行知诞辰 90 周年的名义，给陶行知恢复了名誉。整整三十年，陶行知从人间"蒸发"！我 1978 年考入大学，那时候哪个老师敢讲陶行知？1980 年，安徽和江苏先后成立了陶行知研究会；1981 年，四川也成立了陶行知研究会；接着全国各地纷纷成立陶行知研究会；1985 年，中国陶行知研究会成立。中国教育界渐渐有了一些研究陶行知的气息。正是从那时起，我开始阅读陶行知，一直读到现在。虽然四十年来一直都没中断读陶行知，但多数时候都是断断续续地读，真正比较集中地阅读陶行知有三次。

第一次是我 1982 年参加工作之初，那时候陶行知的著作已经开始"解冻"。我读的第一本陶行知的书，是教育科学出版社于 1981 年出版的《陶行知教育文选》，阅读之初便被书中陶行知朴素的语言和深刻的道理征服了。这和读苏霍姆林斯基著作的感觉完全一样，又因为陶行知说的是中国教育，所以他的文字又比苏霍姆林斯基的更亲切。不过实话实说，那一段时间的阅读虽然比较集中，但完全是零碎的、非系统的，而且带有功利性，就是为了写文章时找理论依据。即使如此，我也感到收获很大。可以说，是陶行知坚定了我的许多教育信念，比如，当时在进行"生活语文"的探索，这个教育实验就是直接受到陶行知生活教育理论的启发。

第二次集中读陶行知，是我 2000 年读博期间。因为有充裕的时间，所以我比较系统地研读了陶行知。注意，我说的是"研读"，即以研究的态度细读陶行知的书。我还是得诚实地说，读博那几年读陶行知，依然有着明确的功利目的，就是为了完成博士论文。那几年我读的教育论著，当然远不止陶行知的，但他的论著是被我读得最认真的之一。特别是他的民主教育理论让我震撼：原来在我们中国，曾经还有这样一位民主教育的先驱！不但阅读，我还去南京参观了陶行知纪念馆，凭吊了先生的墓地。那一天刚好是陶行知诞辰 110 周年纪念日。在陶行知先生墓前，我从先生的教育理念想到今天的教育现状，感慨万千，回去以后写了一篇随笔《愧对先生》。

第三次重读陶行知，是从 2021 年 9 月 2 日早晨开始的。当时，我做了一个不大不小的手术，需要躺在床上慢慢恢复。这么长的时间，对我来说正是读书的好机会。于是，我没有"躺平"，而是把书房里所有的陶行知著作全搬到床边，然后斜躺在床上打开了陶行知的书。这一次没有任何功利心，就想重新系统地"读读"先生。这次我是地毯式阅读，拿出了包括年轻时读过的《陶行知教育文选》，中年时读过的《陶行知教育文集》，以及《陶行知全集》（12 卷），还有一些其他有关他的书，等等。为什么读了全集还要读选集呢？因为不同版本的注释和附录都不一样。这次重读，就不仅仅是读他的文章了，还读他的诗歌、小说、书信，连他的便条，我都不放过。总之，我视野内有关陶行知的所有文字，这次被"一网打尽"。不仅仅是读，还随时写，有感想便及时写下来，写完后再继续往下读。从 9 月 2 日读第一章，到 11 月 16 日读完最后一页。躺在床上两个多月的时间，我就写了 73 篇重读陶行知的小文。这些小文仅仅是我结合自己的教育实践与感受写下的随笔，比起我读过的许多"陶研"专家的论著，我这些文字连"陶研"的皮毛都算不上，更谈不上学术性。它们只是我对陶行知思想的肤浅理解，而且这些理解完全可能有偏差，但每一个字都是从我心里流出来的。这也算是我献给我敬爱的陶行知先生的学习汇报。

在重读的过程中，我最大的感想是当代中国的某些教育者，在高喊着陶行知名字的时候，却遗忘了陶行知，甚至是"背叛"了陶行知！当我们歌颂"捧着一颗心来，不带半根草去"的时候，有些教育者却醉心名利，以"教育产业化""教育市场化"的名义发着"教育财"！当我们把"千教万教教人求真，千学万学学做真人"写在校园墙上时，有些教育者不但自己作假，还教孩子作假！当我们在推崇"生活即教育""社会即学校"时，有些教育者把学校和社会以及大自然强行分开！当我们在演讲和论文中引用"六大解放"思想时，有些教育者却给孩子加重课业负担，让孩子失去了充足的睡眠、健康的身体以及自由的大脑！

翻开陶行知的书，我总感觉他的一双眼睛依然并始终注视着当代中国教育，注视着我们。正如全国政协副主席朱永新先生在四川省陶行知研究会"创享者"2023学术年会的书面致辞中指出的那样："陶行知先生的伟大，在于他伟大的精神；在于他创建了具有现代化意义的生活教育理论体系；在于他从不唯书唯上，而是始终从中国的实际出发；还在于他总是让人常读常新。"

习近平总书记多次强调培育"大先生"，弘扬"中国特有的教育家精神"。毫无疑问陶行知是兼具"大先生"和"中国特有的教育家精神"的代表之一。从陶行知先生的身上，我们可以看到，所谓"大先生"之"大"，至少包括：

——**大道德**。这里的"大道德"指的是具有超越个人一切功利的人格，教育就是信仰，怀着爱心，心里装着每一个孩子。陶行知对师范生说："我要代表孩子们向你们上一个总请愿：不是要你的金，不是要你的银，只要你的心！"这实在是让我感动。他还说："只要是为老百姓做事，我吃草也干。"这种无私，的确非常人能够拥有，这就是大道德。

——**大理想**。所谓"大理想"，即不是个人的小追求，而是一种为了国家、为了民族的使命感，是一种大担当。陶行知说："生为一件大事来。"这里的"大事"，一般人很容易理解为他所从事的教育，其实不然，这里的"大事"，指的是改造社会、改造中国的伟大抱负。没有这样的大理想，就谈不上大先生。

——大胸襟。宽广的胸襟，开阔的视野，是大先生的品质。我的导师朱永新先生说过，只有大胸襟能够做大事业。大胸襟，包括能够包容一切，做到真正的海纳百川，接纳世界一切文明成果。我们要站在人类精神文明的制高点，俯瞰自己的每一堂课。今天我们当然要立足中国，办中国的教育，但"教育要面向世界、面向现代化、面向未来"的思想并没有过时。要立足华夏，放眼全球，办中国的教育。

　　——大思想。大先生当然是一流的知识分子，而知识分子便意味着同时是一名思考者甚至是一名思想家。他思考国家和民族的昨天、今天和明天。他当然要顺应历史潮流，响应时代呼唤，服务于国家、民族的发展，但这绝不意味着人云亦云，屈从于权贵。真正的大先生始终保持着如陈寅恪所说的"独立之精神，自由之思想"。

　　——大学问。大先生具有大学问，这不言而喻。今天我们缺少大先生的原因，就是太多的"先生"和过去的先生相比，肚子里的"货"太少，说到底是书读得太少。我曾经说过，和老一辈大师相比，我们连学者都谈不上。没有手不释卷的习惯，没有博览群书的阅历，没有学富五车的积淀，就休要谈"大先生"。

　　——大智慧。大先生不仅有思想，而且还有实践，尤其是能够在教育实践中，显示出教育智慧。历史在发展变化，时代会给我们提出一个又一个新的问题，具有大智慧的先生总能与时俱进地面对这些难题，提出有针对性的策略、技巧、办法。这些策略、技巧和办法也许会过时，但其中蕴含的智慧却能超越时空，永远闪烁着光芒。

　　陶行知的光芒至少包括：

　　——"中国之光"，即办有中国气派的教育。针对当时一些幼稚（儿）园不顾中国的实际而一味照搬外国的东西的情况，他特别强调，无论多么先进的理念和做法，都要根据中国的实际情况予以改造。他创办的南京燕子矶幼儿园、晓庄试验乡村师范、山海工学团、育才学校、社会大学等，无一不是最具中国特质的教育机构。

　　——"平民之光"，即面向多数人的教育，面向劳苦大众的教育。作为中国平民教育的先驱者之一，他和晏阳初等人一直怀着服务大众的情怀，在广大乡村面向最基层的百姓办教育。对比今天,有些学校的教育出现"贵族化"倾向,回眸一下陶行知教育的"平民之光",是很有必要,也是很有意义的。

——"儿童之光"。儿童在陶行知眼里至高无上,他一直强调做先生的乃至所有成人都要向儿童学习。他告诫教育者:"我们必须学会变成小孩子,才配做小孩子的先生。"陶行知先生无限地相信儿童,坚信每一个儿童都有着无穷的创造力,他多次呼吁要解放儿童,提出了著名的"六大解放"思想。

——"生活之光"。他的教育根植于生活,融合于生活,着眼于生活,从生活出发,最终为了生活。他提出生活教育的理论,主张"生活即教育"。他强调生活实践的意义,强调教学做合一,强调生活处处都是教育、都有教育。他把教育与生活彻底打通,让孩子们时时处处都可以学习,人人都可以互相为师。

——"创造之光"。教育最终是为了解放人的创造力。他认为"处处是创造之地,天天是创造之时,人人是创造之人"。特别要强调的是,陶行知提出的"培养创造力"是与他的民主社会理想直接联系的,即"培养创造力,以实现创造的民主和民主的创造"。

——"师范之光"。教育的质量取决于教师的质量,只有高质量的教师,才可能提供高质量的教育。陶行知特别重视师范生教育,他致力于培养热爱儿童、献身教育、建设乡村、服务人民的师范生。现在我们越来越重视教师队伍的建设,而教师队伍的建设应该从师范生教育开始。

亲爱的教育同行,无论您教了多长时间的书,无论您遇到怎样的困难,只要您的初心至今一尘不染,只要您还想当一个有良知、有爱心、有胸襟、有智慧的中国教师,恳请您捧读陶行知,走进他的精神世界。您会发现,陶行知的每一个字都闪着光,温暖而明亮,永远照耀着我们的校园、我们的课堂、我们的教室,还有我们的灵魂。

四川省陶行知研究会副会长

目 录

上 篇

糊涂的先生 003
    如果孩子不是将来的瓦特，就可以鞭挞吗？　李镇西 004

拉　车 007
    不做"拉车的教员"，让学生学会"独立走路"　杨建平 008

村魂歌 011
    办好乡村教育的希望、愿望和期望　汤勇 012

小庄晓 015
    中国乡村师范教育新大陆的开创　杨东 016

诗的学校 020
    生活教育思想的诗意表达　杜学元 022

风雨中开学 026
    教师应始终怀揣仁爱之心　卢志 027

教师歌 030
    让"儿童为本"思想落地生根　尹艳 031

百侯中学校歌 034
    如何发挥校歌的教育功能　杨淑骅 035

告书呆子 038
    从书本到生活　王雨露 039

001

贺南开中学第一次会考失败 041
从"杀人的会考"到"创造的考成"转向　罗运辉　张光远 042

春天不是读书天 044
打破死读书教育之迷执　柏雪 045

武训先生画赞 048
陶行知心中的"武训精神"　李小平 049

一文钱 052
办学用钱需节俭　廖丹　兰涵 053

中　篇

三　代 059
"行""知""创"一家　周鸿　徐猛 060

小孩不小歌 063
简单而科学的儿童观　龚光军 064

变个孙悟空　变个小孩子 067
成就孩子，成就自己，成就教育　魏红桔 068

学生或学死 071
追求有生命力的教育　潘明剑 072

八位顾问 074
陶行知的求八贤读书法　郝汉坪 075

小先生歌 078
小孩子有不可思议的精神力量　邱滋培 079

自立立人歌 *082*

　　真正意义的长大　　鄢小红　*083*

儿童工歌 *086*

　　培养有责任有担当的小公民　　张为苓　*087*

自勉并勉同志 *090*

　　勤学笃行，得偿所愿　　邓宗胜　苏绍琼　*091*

工学团 *094*

　　影响深远的普及教育组织形式　　尹建羽　*095*

长青不老歌 *099*

　　教师如何永葆青春　　唐元　王承鳌　*100*

纪念牛顿与加利略 *103*

　　科学之光，精神永续　　郑霖　*104*

下　篇

假使我重新做一个小孩 *109*

　　从儿童视角看儿童生长　　毛道生　*110*

手脑相长歌 *113*

　　行知教育的目标与途径　　陆小平　*114*

活的教育 *117*

　　把握生活教育的真谛　　李军　*118*

儿子教学做之四个阶段 *121*

　　科学地促进儿童成长　　刘传星　*122*

生 命 125
  让生命回到教育主场 文力 126

人的身体 130
  动手实践，出力流汗 李清 131

少 年 133
  建立自我同一性是青少年的核心任务 吴小虎 134

闹意见 137
  团结合作须在"干"上下功夫 罗国林 138

自动学校小影 140
  "小先生制"的生动写照 周晓娟 141

工师歌 144
  "理实一体，匠师融合"的现代职业教育教师 李代慧 145

问老妈子 148
  教学语言要通俗易懂 张先华 149

爱 151
  孩子，我该如何爱你？ 刘洪 152

结婚证词 155
  陶行知的婚恋哲学与大学生婚恋观教育 蒋雯 李贞 156

后记 161

上篇

导 语

师德师风是评价教师队伍素质的第一标准,专业理念与师德是教师专业标准中最为重要的维度。陶行知深信教育是立国的根本、国家万年根本大计,为制造社会需要之事业,具有改造国民、改造国家之大责任,是一种永久事业。"要有好的学校,先要有好的教师",因为"教师的手里操着幼年人的命运,便操着民族和人类的命运",当教师"必得有个理想的社会悬在心中",应该"创造出值得自己崇拜的人",以学生为中心,"让孩子现出各人本来之美"。本篇精选《糊涂的先生》《拉车》《村魂歌》《小庄晓》《诗的学校》《风雨中开学》《教师歌》《百侯中学校歌》《告书呆子》《贺南开中学第一次会考失败》《春天不是读书天》《武训先生画赞》《一文钱》13 首诗歌,涉及职业理解与认识、对待学生的态度与行为、教育教学的态度与行为、个人修养与行为等内容。重温先生的诗歌,可使广大教师感悟到应始终怀揣仁爱之心,坚持从书本到生活,打破"死"读书教育之迷执,让"儿童为本"思想落地生根,不做"拉车的教员",让学生学会"独立走路",在新时代创新生活教育思想的诗意表达。

糊涂的先生[1]

一

你这糊涂的先生！

你的学堂成了害人坑！

你的墨水笔下有冤魂！

你说瓦特庸。

你说牛顿笨。

你说像个鸡蛋坏了的爱迪生。

若信你的话，

那儿来火轮？

那儿来电灯？

那儿来的微积分？

二

你这糊涂的先生！

你的教鞭下有瓦特。

你的冷眼里有牛顿。

你的讥笑中有爱迪生。

你别忙着把他们赶跑。

你可要等到：

坐火轮，

点电灯，

学微积分，

才认他们是你当年的小学生？

——二十年春[2]

---

[1] 载陶行知：《知行诗歌集》，上海儿童书局，1933，第41页。

[2] 诗末所记年代除特殊标识的公元纪年外，均为民国纪年，全书同。——编者注

如果孩子不是将来的瓦特，就可以鞭挞吗？

李镇西

这首几乎所有教师都熟悉的诗，出自陶行知《师范生的第二变——变个小孩子》一文。陶行知想告诉所有的教育者，要善待眼前的孩子，他的未来无可限量；千万别因为一念之差，毁掉一个未来的发明家。陶行知的爱令人感动！但我这次重读，却隐隐有些不安，总觉得这首诗哪里不对劲。

有一年，我去一所学校给老师们讲课时，得知遍布全球的某著名餐饮品牌连锁店的创始人当年就是这个学校的学生。我当时很惊讶，问校长："这么杰出的校友，怎么没见你们宣传呢？"她回答说："这个企业家至今不承认在我们学校读过书！"我更奇怪了，问："为什么呢？"校长说："因为他当年在这里读书时成绩不好，人也调皮，觉得受到过老师不公平的对待。"我明白了，或许这位企业家一回想起小学，便想到了罚站、批评、请家长……总之是不愉快的回忆。我对校长说："哎呀，当年的校长估计很后悔吧。如果知道这孩子如今这么有出息，当初就对他好一些嘛！这样今天就可以宣传学校培养出了一位著名企业家嘛！"但仔细一想，不对，难道孩子后来没有成为著名企业家，当初就不应该对他好吗？

根据这样的逻辑，我斗胆地问陶行知："'你的教鞭下有瓦特''你的冷眼里有牛顿''你的讥笑中有爱迪生'，但如果这个孩子将来不是瓦特、不是牛顿、不是爱迪生，难道就可以对他挥教鞭，就可以给他以冷眼和讥笑吗？"我相信陶行知不是这个意思，但有没有读者这样推论呢？事实上确有这样的老师，他们也很爱孩子，但他们只爱"优生"，因为"优生"可以考上知名大学，给教师带来荣誉与利益。所以，教师"爱"孩子，实质上爱的不是这个孩子本人，而是爱他的出色成绩，爱他的优秀表现，爱他将来可能有的显赫身份。一句话，他们爱的是将来的瓦特、牛顿和爱迪生，而不是眼前的孩子。可是，真正的师爱是超越一切功利的，一切与功利挂钩的"爱"都不是真正的爱。

作为教师，我们当然为我们学生中的佼佼者自豪。而且一般来说，教书几十年，总能在学生中找到几个天才般的孩子，他们也许在学校很调皮，但将来都极有可能成为国家栋梁、社会精英。我们为他们骄傲，是很自然的。但杰出人才毕竟是个别的，大多数学生无论在学校读书时，还是将来参加工作后，都是平凡的、普通的。对这样的大多数，我们就能因为他们未来不太可能成为瓦特、牛顿或爱迪生，而不善待他们吗？

在拙著《教育的100种可能》中，我写了一个关于张凌同学的故事。张凌读初中时，我是他的班主任和语文老师。这孩子几乎每天都犯错误，上课违纪，下课捣蛋。后来张凌母亲带着他到学校找到我，说张凌实在是无法继续学习了，打算不读了。当时我很惋惜，并担忧他的前途。张凌临走时，眼里含着泪水向我告别。这泪水是我唯一的欣慰——尽管他表现不好，成绩很差，但我依然对他很好，一有点进步便鼓励他，所以他很依恋我。后来张凌去读足球学校，毕业后因为球踢得好，被日本教练选拔去了日本踢球，在日本他还担任过几个足球俱乐部的教练。再后来，他成了四川省足球队教练！

前不久，他来看我，说我当时对他好，给他尊严，鼓励他自信，要相信"天生我材必有用"，等等。他说的这些我都忘记了，但他却说，正是我的鼓励让他后来看到了自己独一无二的禀赋，在足球上发展自己，终于有了出息。是的，他说这些的时候我也在想，如果我当时因为他表现差、成绩糟，便冷落他、歧视他，他便不可能有今天的成就。其实当年我对许多"差生"都是很关爱很尊重的。当年张凌这个班，集中了全年级的"顽童"。为了转变他们，我真是绞尽脑汁，用遍我能用上的全部招数。记得当初我在班上搞"每周评比"，评比班上当周进步最大的同学。凡是所获票数名列前十的，我都在周日带他们去公园玩，或去郊外踢球。所以这批"顽童"和我感情特别深，后来分别时他们都泪流满面，舍不得我。二十多年过去了，成了知名足球教练的只有张凌一个，其他学生都是在各自岗位上默默无闻的普通劳动者。然而，我当初善待他们依然是有意义的。

记得有一次这批学生请我吃饭，饭桌上，其中一位男生说："李老师，我们虽然没有成为多了不起的人才，但我们没有一个走上歪路！"他们以此自豪似乎有点"可笑"，难道不走上歪路就是人生的成功吗？或者说假如我将此视为我的教育成功，那这标准似乎也太低了。但是，当初一些教师提起他们就头疼，在心里预测他们将来多半是失败者。如今他们成了自食其力并尽力服务社会的劳动者，这当然是我和他们共同的成功。虽然他们现在不是瓦特、牛顿或爱迪生，当年我也没有想过他们会是，但我依然没有给他们教鞭、冷眼和讥笑。我为自己的良知自豪。

所以，重读陶行知这首诗，我想补充说明的是，爱将来的瓦特、牛顿和爱迪生一点错都没有，但我们首先爱的应该是现在这些孩子，而且是孩子本身，而不是他的表现，也不是他的成绩。

李镇西，中学正高级教师，博士，四川师范大学硕士生导师。系"中国教育三十人论坛"成员，中国陶行知研究会苏霍姆林斯基研究专业委员会理事长，四川省陶行知研究会副会长，四川省第十一届人大代表。曾获"全国十杰中小学中青年教师"提名奖、"四川省中学语文终身成就奖"、"全国优秀教育工作者"、"全国优秀语文教师"、"全国中学语文学术领军人物"、"四川省教育系统优秀教育工作者"、"四川省学术和技术带头人"、"十大感动四川年度人物"等荣誉。出版著作80余部，其中，《爱心与教育》获中宣部"五个一工程"奖、冰心图书奖，《走进心灵》获中国图书奖。

拉 车[①]

一

先生拉洋车,
满身汗如雨。
拉他一辈子,
马路知他苦。

二

学生坐洋车,
风凉而舒服。
坐他一辈子,
还是不知路。

——二十一年夏

---

① 载陶行知:《知行诗歌集》,上海儿童书局,1933,第48页。

不做"拉车的教员"，让学生学会"独立走路"

杨建平

推行生活教育，学生是主体，教师是主导，教师在其中的重要作用不言而喻。陶行知说："先生不应该专教书，他的责任是教人做人。"他十分重视教师队伍建设，更不希望自己兴办的学校中出现"拉车"的教师，所以他写了《拉车的教员》和《拉车》两首小诗。在《拉车的教员》中他写道："分明是教员，爱做拉车夫。拉来一车洋八股，谁愿受骗谁呜呼。"其对于热衷贩卖"洋八股"的一批教师既是善意的讽刺，也是用心良苦的劝诫。陶行知在《拉车》一诗中对贩卖"洋八股"的教育实质予以讽谏，指出先生在贩卖"洋八股"时，其实也很辛苦勤谨，但学生学而无用、学而无效。陶行知希望他们能悬崖勒马，不要盲目跟风，回到符合中国国情的正确教育路线上来，从社会生活实际出发，以活的教育教人变好。行知先生诗中的"拉车的教员"和"拉车现象"，到现在还不乏其人、大行其道。在人工智能时代，教育的价值在哪里？其不在于知识的搬运，更不在于"洋八股"的陈列，而是要带着更多的爱和智慧去探索更大的可能性。

一、不做"拉车的教员"

教师要关切时代、融入社会，要带领孩子们走出学校围墙去探索丰富多彩、生机勃勃的世界，把真实的生活变为孩子们的教科书。不要怕浪费时间，要放手让孩子们去观察、讨论、思考和验证，将"学、习、用"结合起来，鼓励孩子们从不同角度提出解决问题的新思路和新方法。同时，在孩子们的前方，设一座引领的灯塔，引导孩子们从内心出发，努力寻找成长的航向。

教师要研究学生，择"性"而教。在当今的信息社会，孩子们获取信息和知识的途径越来越多样化，教育早已不是从零开始。教师要依据课程标准，结合孩子们的真实起点和学习需要，对教材等教学材料进行二度开发，打造适合当下的教育内容，让每一个孩子都学有所获，从一般的成功走向更大的成功。

教师要大力弘扬中华优秀传统文化、革命文化和社会主义先进文化，用中国语言讲好中国故事，努力激发每一个孩子的民族自豪感和自信心。同时，教师应用心领悟并践行具有中国特色的教育文化，如将孔子的"有教无类"、行知先生的"爱满天下"、斯霞老师的"童心母爱"融入日常的教育教学实践中，扎根中国办教育，放眼世界育人才。当然，也不能故步自封、盲目排外，要睁大眼睛看世界，虚心学习并充分吸纳一切人类文明的优秀成果。学习先进的，借鉴成功的，创新自己的。只不过，不能照抄照搬"洋八股"，要活学活用、洋为中用。

二、让学生学会"独立走路"

不让学生"走路"的现象，在当下依然存在。教师在课堂上挥汗如雨、滔滔不绝地讲，恨不得将所了解的知识都教给学生。学生洗耳恭听，没有思维的深度参与，没有真正的体验感悟，于是，课后即忘、一做就错。很多教师还十分纳闷：明明给学生设计了最好的道路，教给了他们最有用的知识，传给了他们最好的方法，为什么他们还不会"走路"呢？实际上，逻辑推理、方法训练、批判性思考都需要学生自己去琢磨、分析、深思、质疑，而不是被动地接受"投喂"。那么，怎样才能让学生学会"走路"呢？

要多让学生去阅读。要指导学生细读文本，在孤独静观、忍耐枯燥后去内化知识。要去粗取精、去伪存真，让新的知识与原有的生活经验、知识储备实现连接。《岳麓书院学规》强调"读书必须过笔""疑误定要力争"，就是提倡学生读书时要养成做笔记的习惯，有疑问时一定要提出来，要善于发现问题，通过争论、辩论来弄清楚问题的实质。

要多让学生去思考。指导学生学习新知识时要促使他们经常问自己四个问题：听到或者看到了什么？这些和熟悉的东西有什么关系？学到了什么？怎么用这些学到的知识？只有带着思考去"走路"，才会发现更多的精彩，激发出更多的好奇心、想象力和探究欲。

要多让学生去探究。要努力创造条件让学生在事上学、在事上练、在事上悟。一堂好课或许是这样的样态：教师笑眯眯地看着学生讨论、试验、练习，在必要时给予学生恰当的帮助和指导。问题让学生去寻找，困难让学生去克服，结论让学生去归纳，让学生在"跳一跳"中去摘取"果实"。

要多让学生去试错。错误是学习的宝贵资源，"试错"其实也是"试对"。学生只有在"试错"中，才能发现自己的思维偏差和知识漏洞。只有在不断的"犯错—纠错—再犯错—再纠错"的过程中，才能掌握准确的知识，形成良好的能力素养。

要多让学生去反思。多鼓励学生对自己进行成长追问，如"我是谁""我要成为谁""我如何成为这样的人"；多肯定学生进行事前思考，如"为什么做""怎样做""做什么"；多引导学生进行批判性思考，如"真的吗""对的吗""可以更好吗"。只有不断反思总结，才会形成持续的学习力。学生只有从"洋车"上下来，自己往前走，边"流汗"边总结，才能学会自己"走路"，未来才能经得起风雨、迈得过坎坷。

杨建平，东辰教育集团总校长，成都市温江区东辰外国语学校校长，四川省特级教师，全国优秀教育工作者，全国五一劳动奖章获得者，绵阳市十佳青年岗位能手。

村魂歌 ①

男学生，

女学生，

结了婚，

做先生。

哪儿做先生？

东村或西村。

同去改旧村；

同去造新村。

旧村魂：

新村魂：

一对夫妻一个魂。

——十六年春

---

① 载方明主编《陶行知全集·第7卷》，四川教育出版社，2009，第50页。诗前陶行知先生特撰写一文："两星期前，我同一位朋友去参观燕子矶小学，很受感动。这个学校的灵魂就是丁校长（注：即丁超）和他的夫人。乡村学校里的先生们，大多数任期很短，教了一两年、两三年，正有点经验的时候，就跑到别处去了。在这种情形之下，说不到改良教育，更说不到改造乡村。但是丁先生夫妇二人共同在尧化门学校服务，已经有了八年之久。今年转到燕子矶服务，只有半年工夫，就把这个学校变成了一个活的学校。因此我觉得夫妻同到乡村去办学，是一件很重要的事。所以我做这首诗，为乡村人民和他们的小孩请命。"

办好乡村教育的希望、愿望和期望

汤勇

《村魂歌》这首诗，描绘的是男学生、女学生结成夫妇成为教师，同到东村或西村去改造旧村、建造新村，并成为一个村庄的"魂"，反映了陶行知对办好乡村教育的希望，表达了他对于乡村教育改造的强烈愿望，由此也体现了他对有一批热爱乡村教育并能够在乡村扎根的教师的期望。读罢《村魂歌》，我认为，它不仅是一首教育诗，而且是一首社会诗、一首乡村改造诗、一首具有家国情怀的诗。

一、乡村教育，充满希望

乡村教育既寄托着乡村每一个家庭、每一个孩子、每一个家长乃至整个家族对明天与未来的希望，又承载着乡村乃至民族的期许。陶行知先生明确提出"教育是立国的根本"，乡村教育"关系三万万六千万人民之幸福"，"乡村学校是今日中国改造乡村生活之唯一可能的中心"。他认为，只有努力发展中国的乡村教育事业，才能从根本上改变中国的现状。我以为，乡村振兴战略，不仅是要把房子修得好、修得漂亮，把道路修得宽阔，把乡村基础设施加以改善，更重要的是办好乡村教育，让乡村教育助力乡村振兴，让人们从乡村教育的蓬勃发展中看到乡村振兴的希望。

二、改造乡村，美好愿望

乡村学校能传授知识、传播文明、教书育人，但这并不是乡村学校的所有功能。按照陶行知先生的思想，乡村学校不仅要发挥培养人才的职能，还应该发展乡村的经济职能、政治职能、文化宣传职能等，并成为乡村改造的助推力。他有一种美好的愿望，就是使社会的各个方面都受益于教育，包括乡村社会的改造。这应该带给我们以深刻的启发。一方面，乡村教育要着力推进乡村素质教育，着眼于人的成长，践行"生活即教育"思想，立足生活、依据生活进行教育，不能一味应试、一味拼分数。教师应该具有"农夫身手、科学头脑、改造社会精神"；学生应该具有生活力、自动力、创造力，以及在求学上的科学的精神、改造社会上的委婉的精神、应付环境上的坚强人格和百折不回的精神。另一方面，乡村教育要成为改造乡村的重要力量。陶行知先生有一个"征集一百万个同志，创设一百万所学校，改造一百万个乡村"的宏愿。他认为，中国是个农业大国，当时大多数人生活在乡村，中国的教育应该是到乡村去的教育，如果乡村没有改观，那么国家就没有希望。陶行知先生认为应以乡村师范和乡村小学为文化中心，将民主、自由、科学等知识技能融入乡村日常生活，让农民成为真正的主导者。因此，乡村教育不能仅姓"教"，不能仅为了"教育"而"教育"，更不能"死教书""教死书""教书死"，乡村教育应该融入社会潮流，勇立时代潮头，担当使命，在改变乡村、振兴乡村中大显身手、建功立业。

三、扎根乡村，深切期望

乡村教师作为一个承担特殊使命的群体，对乡村学校和乡村教育甚是关键。可以这样说，乡村学校办得如何，乡村教育发展得怎么样，完全取决于乡村教师，取决于乡村教师队伍建设。正如陶行知先生所说，学校是乡村的中心，教师是学校和乡村的灵魂，小而言之，全村的兴衰，大而言之，全民族的命运都掌握在小学教员的手里。对于乡村教师，一方面要"下得去"，也就是要有配置的机制，要有"下得去"的通道，还要有人愿意下去，乐于在乡村做一名教师，由此解决乡村教育没有人做的问题。另一方面要"教得好"，这就要求教师要钻研业务，熟悉教法，了解学生，特别要不断学习，不断反思，不断成长，不断精进。陶行知先生说："做先生的，应该一面教一面学，并不是贩买些知识来，就可以终身卖不尽的。"他还说："先生既没有进步，学生也就难有进步了。这是教学分离的流弊。那好的先生就不是这样，他必定是一方面指导学生，一方面研究学问。"同时，最为重要的是要"留得住"。乡村教师坚守乡村，很可能受到的关注较少，缺乏工作交流与展示的平台,甚至显得孤独、孤单、孤立。要想留得住乡村教师,除了环境留人、事业留人、待遇留人、情感留人,陶行知先生觉得让夫妻同在一个村小,"同去改旧村""同去造新村",相互帮助,互为照料,彼此依靠,不失为一种很好的办法。他说:"我觉得夫妻同到乡村去办学,是一件很重要的事。"曾记得,20世纪八九十年代,师范毕业生从哪里来,就分到哪里去,一些男生、女生回到同一个地方,有的组合成家庭,任教于同一所学校,甚至有的还共同教一个班级。他们"定"下来之后,便"安"了,便能够"留下来"安心从教、静心育人了。

汤勇,原四川省阆中市教育和科学技术局局长,现为四川省陶行知研究会副会长、中国教育学会农村教育分会副理事长、中国陶行知研究会农村教育实验专业委员会理事长。著有《行走中的教育》《面向"双减"的教育》《为未来而教而学》《教育是美好的修行》《致教育》《修炼校长力》等20本教育专著。其中有近10本分别入选《中国教育报》"老师喜爱的100本书"、中国教育新闻网"影响教师的100本书"、《中国教师报》"年度教育图书"榜单。2014年被《中国教师报》评为全国十大"最具思想力教育局长",是《中国教育报》2015年度全国"推动读书十大人物"。

小庄晓[1]

晓庄原名小庄，后面有老山，亦改为劳山，以寓在劳力上劳心之意。

老山劳，小庄晓；
新时代，推动了。

老山劳，小庄晓；
咱锄头，起来了。

老山劳，小庄晓；
伪知识，消灭了。

老山劳，小庄晓；
士阶级，下野了。

——十八年十二月二十日

---

[1] 载陶行知：《知行诗歌集》，上海儿童书局，1933，第82页。

中国乡村师范教育新大陆的开创

杨东

1923年,陶行知和友人发起组织中华平民教育促进总会,倡导平民教育运动。1926年,陶行知决心"征集一百万位同志,创设一百万所学校,改造一百万个乡村"。1927年初,他毅然放弃在城市工作的舒适条件,到南京郊区神策门外老山脚下的小庄创办乡村师范学校,取日出东方之义,将小庄改名晓庄;取教育与生产劳动相结合之义,将老山改名劳山;后将乡村师范学校定名晓庄试验乡村师范(简称"晓庄师范")。陶行知创办晓庄师范,是要为全中国农民谋幸福,是为中国教育播撒"朝阳之光",要它照亮中国乡村。

《小庄晓》这首诗表达了他这样的胸怀和愿望,写出了晓庄师范和传统教育的根本区别。"新时代,推动了",是说晓庄师范的创立将划出一个教育上的新时代;"咱锄头,起来了",是说通过教育,农民已经觉醒;"伪知识,消灭了",是说晓庄师范培养学生的生活力与创造力,教学生的是真知识,教人学伪知识的传统教育与洋教育已被淘汰了;"士阶级,下野了",是说原来脱离实际、脱离民众的知识分子主动"下野"深入乡村,和农民相结合。诗中"老山劳,小庄晓"被重复使用,强调的是知识与劳动相结合的小庄看见了曙光,这曙光既是小庄的曙光,也是中国乡村的曙光。

一、晓庄师范的办学特点

一是校舍独特[①]。晓庄师范初创时,没有校舍,蔚蓝的天空是学校的天花板,金黄色的泥土是学校的地板。荒山野岭间,陶行知带领学生们用双手和锄头

[①] 朱晓春:《陶行知与南京晓庄师范》,《江苏地方志》2022年第6期。

艰苦劳作，和马牛羊鸡做朋友，对稻粱菽麦下功夫，一所学校就这样落成了，诸如大礼堂（"犁宫"）、餐厅（"食力厅"）、图书馆（"书呆子莫来馆"）、厕所（"黄金世界"）等基础设施应有尽有。

二是教员独特。晓庄师范内不称教师，只称指导员。指导员既可指导学生，也可以指导其他指导员；学生可以指导其他学生，也可以指导指导员。陶行知不拘一格招揽人才，一方面将那些富有经验的劳动者视为学校师资的来源，一方面又聘请一批名师分任各科指导员，如陈鹤琴、赵叔愚、邵仲香等。晓庄师范的指导员，有专任的，也有兼任的，师资结构优良。[1]

三是学生独特。晓庄师范的学生都是具有改造乡梓志向的青年，他们既是陶行知的信从者，又是合作者。在办学的3年中，该校共招生120余人，经晓庄师范"锻造"出的学生往往更接"地气"，更具改造乡村的实践能力和理论水平。[2]

四是经费独特。晓庄师范自开办初就面临经费紧缺的问题，陶行知便负责筹款事宜。他利用各种社会关系，争取各界的支持，很多个人和团体都纷纷慷慨解囊。[3]

五是学校的组织、管理独特。晓庄师范设校长1人，由陶行知担任，校内设执行部（校长兼部长）、研究部、监察部。执行部下设第一院（小学师范院，由赵叔愚任院长）、第二院（幼稚师范院，由陈鹤琴任院长）。校长、院长之下各设干事1人、校工1人。[4]

六是课程教学独特。晓庄师范根据乡村的特点，按照"农夫的身手，科学的头脑，改造社会的精神，健康的体魄，艺术的兴趣"之培养目标组织学校活动。学校不分班级，也无上下课制度，分设5种教学做：中心小学工作教学做、分任教务行政教学做、征服自然环境教学做、改造社会环境教学做和学生生活教学做，把教育与生活生产劳动结合起来，学员在指导员指导下过生活，在做中教，在做中学。

---

[1] 朱晓春：《陶行知与南京晓庄师范》，《江苏地方志》2022年第6期。
[2] 同上。
[3] 同上。
[4] 同上。

二、晓庄师范的历史贡献

由于陶行知大力支持晓庄师范的师生们积极参加反帝爱国斗争，被当时的国民政府视为眼中钉、肉中刺。1930年4月，当局勒令晓庄师范停办，陶行知受到通缉，被迫流亡日本避难。1946年7月25日，陶行知在上海因病去世，遗体归葬晓庄。1951年，在周恩来等领导人关心下，晓庄师范复校，后逐渐发展成为今天的南京晓庄学院。

晓庄师范的"生活教育"实践，在20世纪20年代中后期树立了一面教育革命的大旗，为中国教育改革探索了一条新路。陶行知与同时代的黄炎培、晏阳初、梁漱溟等人，率先在教育界掀起了一场教育革新，引起了人们对乡村教育问题的广泛关注。晓庄师范的办学宗旨、培养目标、组织机构、招生和毕业制度等方面的改革，强调教育与生活、学校、社会的联系，创造出一种新的乡村师范办学模式并在全国范围内得到推广，诸如湘湖师范、黄麓师范、新安小学、园山学校等无不以晓庄师范为仿效样板，可谓开创了中国乡村师范教育的新天地。

1929年10月15日，陶行知当年的老师、美国哥伦比亚大学师范学院克伯屈教授参观晓庄师范，并在演讲中说："恐一百年以后，大家要回过头来纪念晓庄，欣赏晓庄！这就是教育革命的策源地。"回望历史，晓庄师范不仅是教师的摇篮、教育革命的策源地，也是革命的熔炉。这里云集了一大批老一辈的教育家，如陈鹤琴、吴研因、赵叔愚、张宗麟、秉志、陆静山、潘一尘、马侣贤等。晓庄师范的学子中也涌现出一大批优秀人才，如操震球、李楚材、方与严、董纯才、张劲夫、刘季平、王洞若等，他们后来成为中国教育事业的重要力量。

三、晓庄师范精神的传承与发扬

回顾陶行知创办晓庄师范、改造乡村之举，对于今日之教育改革有许多可资借鉴之处。我们要像他那样爱人类、爱中华、爱农民，"心里要充满那农民的甘苦"，向农民"烧心香"；要像他那样，"捧着一颗心来，不带半根草去"，为改造乡村、振兴中华，鞠躬尽瘁；要像他那样，坚持办学的革命方向，执着追求，顽强工作；要像他那样，勤于实践，勇于探索，去发现一个又一个的教育真理，不断地创新，与时俱进，为中华民族伟大复兴培育人才。晓庄师范被誉为世界教育革命的策源地，也是我们学习的典范。今天，我们学习晓庄师范，不要照葫芦画瓢，也不要照猫画虎，更不是在形式上学习晓庄师范，而是要学习晓庄师范的办学精神，这才符合陶行知遗愿。①

杨东，成都师范学院高级讲师，中国陶行知研究会副秘书长兼课题办主任，四川省陶行知研究会副会长兼秘书长。主要著作有《旁门正道：教育变革的智慧》《跨世纪的忧患：中国社会问题与教育》《农村教育的困境与出路》《中国当代新教学法大全》《新课程教学基本策略》等。

---

① 梁晓凤：《晓庄精神的现代价值——陶行知与晓庄师范》，《内蒙古师范大学学报（教育科学版）》2003年第5期。

诗的学校[1]

一

宇宙为学校，
自然是吾师。
众生皆同学，
书呆不在兹。

二

白日耀青天，
有人田里哼。
明月出东岭，
是吾看花灯。

三

劳力上劳心，
教学做"人工"。[2]
探深而钩玄，
要将真理穷。

四

用书如用刀，
不快自须磨。
呆磨不切菜，
何以见婆婆？

五

老牛会耕田，
忘却头上角。
屠户何日到？
用角预商榷。

六

生来不自由，
生来要自由。
谁是真革命？
首推小朋友。

---

[1] 原载《师范生》1931年第2期，署名梧影。同年12月30日在《申报·自由谈·不除庭草斋夫谈荟》发表时，诗前有文："这世界不好吗？我们何不把它投进诗的电炉里去重新铸出一个诗的世界？中国不好吗？我们何不把它投进诗的电炉里去重新铸出一个诗的中国？这诗的电炉是什么？是诗的学校！有诗的学校，我们便可铸成诗的中国、诗的世界。这鼓铸诗的世界和诗的中国的诗的学校，是怎么样的一个学校啊？请听我说来！"作者曾手书诗的第一节作为1934年3月1日《生活教育》第1卷第2期的封面题诗。

[2] 原诗注：日本有一派人，站在保皇党的地位上做工人之后盾。他们根据一君万民之陈说，要铲除那立在君民中间之资产阶级。他们依着天皇的称法，称工人为"天民"，劳动为"天工"。初看这"天工"二字似乎很有精神，故我的初稿，写作"教学做天工"。既而想到大平等之世界中，万工平等，无所谓"天工"，无所谓"地工"，我们教学所要做的只是"人工"，但求他不流于"奴工""畜工"便是合理了，何必妄自尊大！

七

天池育蛟龙，
森林教狮虎。
得志不伤人，
此意谁与语？

八

地狱不在地，
天堂不在天。
创造大平等，
无地亦无天！①

九

不是桃花源，
不是神仙府；
只做人中人，
无问他我汝。

十

谁说非学校？
就算非学校。
依样画葫芦，
未免太无聊！

十一

捧来一颗心，
愿共心儿好。
偶然一到此，
流连不知老！

——二十年春

---

① 原诗注：初稿作"非地亦非天"，颇有飘然欲仙之意，对于原在人心之天堂地狱，任其自生自灭。但这至多不过是一时之想象。而大平等之根本要求便是天堂与地狱及一切连类而来的诸多观念形式之完全消灭。所以与其说"非地亦非天"，不如说"无地亦无天"。"非地亦非天"是造端；"无地亦无天"是可望而不可即之终极。"非地亦非天"含着有余不尽之诗意。"无地亦无天"是把要说的话一起都说完了。这两句何去何从，却大费踌躇咧。这大概是我个人内在之矛盾在文字上反映出来的影子吧？我的情感欢喜在"非地亦非天"的人间里流连，而我的思想一跳便跳到"无地亦无天"的世界里去，这中间也不知相隔几千百年咧！

生活教育思想的诗意表达

杜学元

人民教育家陶行知先生既是一位锐意进取与创新的教育家，又是一位极具浪漫主义色彩的优秀大众诗人。在当时人们纷纷"把外国教育制度拉到中国来"的情况下，他抱着"为中国教育寻觅曙光，为中国教育探获生路"[1]的理想，积极探寻适合本国国情、满足生活需要、契合中国实际的一种新的教育，创办了"诗的学校"，以培养人的生活力。在"诗的学校"里，他把杜威先生的"教育即生活"教育理论"翻了半个筋斗"，在教育实践的基础上，独创了具有中国特色的生活教育学说。其生活教育理论的内涵就是"生活即教育""社会即学校""教学做合一"。这是陶行知先生留给我们最珍贵的遗产，也是中国教育现代化进程中最珍贵、最重要的理论成果之一。《诗的学校》是陶行知先生1931年回忆晓庄生活时写下的诗，这首诗是陶行知先生的人生态度和生活教育观的高度浓缩与精华。

一、"社会即学校"思想

诗的开头说"宇宙为学校，自然是吾师。众生皆同学，书呆不在兹"，这是陶行知"社会即学校"命题基本含义的艺术概括。其首句的"宇宙"，是所有空间、时间和物质的总称，当然也包括人类社会。"宇宙为学校"，即陶行知先生所说的"社会即学校"，整个社会是生活的场所，亦即教育的场所。第二句"自然是吾师"，说明自然的一切都是人类的老师。"众生皆同学，书呆不在兹"，这两句说明所有人类都是同学，所要学习的知识不能拘泥在小小的教室里，而应把教育和学习的范围扩大到整个社会和大自然，在社会和大自然中去接受真正的教育，从而开阔视

---

[1] 方明主编《陶行知全集·第8卷》，四川教育出版社，2009，第222页。

野,增长见识,培养能力。陶行知先生这种"社会即学校"的理论与实践,与杜威的"学校即社会"这种把师生禁锢在教室里的"鸟笼式教育"是根本不同的,也与中国传统教育模式不同,反映出他新的教育观,对现代中国教育实践具有重要的借鉴意义。

"白日耀青天,有人田里哼。明月出东岭,是吾看花灯"的意思是,白天人们在田里劳动、边耕边哼,在生产实践中愉快地学习;夜晚在皎洁的明月下,共同探讨学问。其还可以理解为陶行知认为教育内容不仅仅局限于书本知识,也应注重歌("田里哼")、舞("看花灯")等艺术教育。这两句诗说明大自然处处是学校,到处都可以学习。这是陶行知先生"社会即学校""生活即教育"理论的艺术写照。

二、"教学做合一"思想

"劳力上劳心,教学做'人工'。探深而钩玄,要将真理穷"是对陶行知先生"教学做合一"教学法主张的诗化。他反对单劳力、单劳心,强调以"做"为中心,在"劳力上劳心"。诗句"教学做'人工'"里的"人工"二字,根据陶行知先生的注释,其含义是"平等、有机统一"之意,它既不同于日本一派人的"天工"的妄自尊大之说,又区别于"奴工""畜工"的奴隶教育之谈。其表明陶行知先生反对传统的教学法,即反对"教学"与"做"脱节、理论与实践脱离的旧式教学法,提倡"教学做合一"、理论与实践相结合的"活的教学法",以达到"探深""钩玄"和穷究"真理"的目的。诗句"用书如用刀,不快自须磨。呆磨不切菜,何以见婆婆"描写他对书的总态度,再次强调理论要与实践相结合。诗中,陶行知先生把"用书"比喻成"用刀",刀用钝了就必须磨,并且磨了要切菜,告诫我们学习书本知识要常学常新,要不断地学习,并且要将书本知识用于实践,理论要与实践相结合,这样才是真正地学习知识。

三、终身学习与因材施教思想

陶行知先生认为学问永无止境,人们不能因为年纪大了而停止学习,而应该终身学习，活到老，学到老。"谁是真革命？首推小朋友""天池育蛟龙，森林教狮虎。得志不伤人，此意谁与语"，这三句诗说明小朋友最具学习的潜能，因此要根据他们的身心特点和天性因材施教；同时，不能把成年人的观点和意志强加给儿童，应该充分给予儿童人权与自由，尊重儿童，让他们在生活里"学中做、做中学"，学会做自己，以达到渐渐自立的目的。

四、民主和平等思想

民主和平等是陶行知先生的教育追求和理想。他在诗中写道："地狱不在地，天堂不在天。创造大平等，无地亦无天！不是桃花源，不是神仙府；只做人中人，无问他我汝。"诗里的"大平等"就是"天堂与地狱及一切连类而来的诸多观念形式之完全消灭"，这是陶先生的教育理想。怀抱这样的理想，陶行知先生用先进思想引导学生过质朴的集体生活，教育他们既不做人上人，也不做人下人，而是要做人中人，要做自由平等的公民。而自由之公民是平等待人、承担责任、尊重他人、自由发展的人。因此，陶行知先生立足于传播文化和民主平等社会理想，注重培养学生自觉为民众服务的主动意识和承担责任的精神。

五、乐教和奉献精神

"捧着一颗心来，不带半根草去"是陶行知先生奉献精神的鲜活写照。他在诗中写道："谁说非学校？就算非学校。依样画葫芦，未免太无聊！捧来一颗心，愿共心儿好。偶然一到此，流连不知老！"在当时情况下，陶行知先生为了大众，带着一颗乐于奉献的赤子之心，到艰苦的农村创办学校，在"诗的学校"里，他不仅能够做到以苦为乐，而且做到了乐以忘忧、乐此不倦。这最后两节诗将陶行知先生的乐观主义精神以及全心全意为人民教育事业和新民主主义革命事业献身的精神充分表达出来了，激励着当时及当今的教育工作者不断进取，为祖国的教育事业贡献力量。

"诗"是观照世界的一种方式，也是陶行知先生一贯的人生态度，以及他爱满天下的情怀、积极向上的斗争意志和革命乐观主义精神的自然流露。他把诗融入了他的整个生命里，把他所献身的教育事业当作积极、愉快的诗的事业，"以诗的真善美来办教育"，并随时随地根据教育的需要、生活的需要而写诗进行"诗教"。他把一切皆诗化，"困难诗化，所以有趣；痛苦诗化，所以可乐；危险诗化，所以心安；生死关头诗化，所以无畏"[①]。他把创办的学校及通过教育改造的世界（社会）描述成"诗境"，把晓庄师范当作"一部永远不会完稿的诗集"。在"诗"和"诗境"里，陶行知先生实现了自己的理想，完善了自己的生活教育理论，提出了具有中国特色的教育学说——"生活即教育"。陶行知先生诗化的教育和教育的诗化，将教育提升到了一个前所未有的高度，为当今的教育教学改革树立了标杆。陶行知先生积极向上的人生观和教育的真精神令人高山仰止，激励着当今的教育工作者砥砺奋进。陶行知先生从实践中创造的符合中国国情和时代精神并且自成体系的教育思想极具世界影响力，在当时和今天都产生了巨大而深远的影响，尤其在当今中国努力实现教育现代化、教育强国宏伟目标的过程中具有十分重要的意义，值得我们珍视！

杜学元，四川师范大学四川文化教育高等研究院院长，二级教授，国务院政府特殊津贴专家，四川省学术与技术带头人、四川省专家评议（审）委员会委员、中国地方教育史志研究会革命老区教育研究分会副会长、中国教育发展战略学会理事兼高等教育专业委员会常务理事、四川省陶行知研究会副会长，主要从事教育学原理、教育史和高等教育学研究。主持和承担省厅级及以上项目40余项。出版著作（含合作）60余部，发表论文80余篇。研究成果获省部级及以上优秀成果奖18项。

---

① 胡晓风等主编《陶行知教育文集》，四川教育出版社，2007，第204页。

风雨中开学[①]

风来了！

雨来了！

谢老师捧着一颗心来了！

风来了！

雨来了！

韩老师捧着一颗心来了！

[①] 载陶行知：《知行诗歌别集》，上海儿童书局，1935，第109页。原诗注：吉祥庵小学于十七年三月七日开学，大风雨，回想到北方有一个歌谣："风来了，雨来了，老和尚背着一个鼓来了。"又想到我为乡村教师写过一副对联："捧着一颗心来，不带半根草去。"便把两样意思合而为一，写成这首诗歌奉贺吉祥庵小学的家长和小朋友。

教师应始终怀揣仁爱之心

卢志

1928年，人民教育家陶行知在吉祥庵小学开学时写就的诗歌《风雨中开学》，结构紧凑，语言朴素，情感深沉，富有力量，风雨的来临与教师的到来形成鲜明对比，描绘出一幅动人心弦的画面，展现了教师们不畏风雨、始终如一地坚守教育岗位、关爱学生的坚定执着与奉献之心。"风雨"不仅是自然现象，也寓意教育变革等艰难险阻与考验，而"捧着一颗心来了"则象征教师对教育充满心意，对学生充满仁爱关怀，也是陶行知先生人生信条与行为准则的体现。

2014年第三十个教师节前夕，习近平总书记在同北京师范大学师生代表座谈时提出教师要做有理想信念、有道德情操、有扎实学识、有仁爱之心的"四有"好老师。2021年3月，习近平总书记在看望参加全国政协十三届四次会议的委员时指出，广大教师要继承发扬"捧着一颗心来，不带半根草去"的精神。2023年教师节前夕，习近平总书记致信全国优秀教师代表，从理想信念、道德情操、育人智慧、躬耕态度、仁爱之心、弘道追求六方面阐述了中国特有的教育家精神的核心要义，其中仁爱之心指乐教爱生、甘于奉献，这也是《风雨中开学》体现出的教师的重要精神特质和高尚的道德情操。新时代弘扬教育家精神，争做"四有"好老师和"大先生"，教师应始终怀揣仁爱之心。

一、怀揣仁爱之心的价值意蕴

教育，是心灵的启迪，是智慧的传承。教师，则是这启迪与传承的使者。在教育的道路上，他不断探寻，不断前行，只为给学生带去更多的知识和力量。在这个过程中，教师仅仅拥有丰富的知识是远远不够的，更需要像陶行知先生笔下的谢老师、韩老师一样怀揣着一颗仁爱之心，风雨无阻，坚守奉献，去关心每一个学生，去理解他们的需求，去引导他们走向正确的道路。

仁爱之心，是教育工作的灵魂，让我们在面对学生时，始终保持着耐心和关爱。当我们看到学生在学习中遇到困难时，我们会毫不犹豫地伸出援手，帮助他们解决问题；当我们看到学生在生活中遇到挫折时，我们会给予他们鼓励和支持，让他们重新振作起来。

仁爱之心，是教育工作的灯塔，照亮了教师前行的道路，也温暖了每一个学生的心灵。在教育的海洋里，我们就像一艘艘航船，承载着学生的梦想和希望，向着知识的彼岸驶去。仁爱之心就是我们航行的航标，它告诉我们，无论何时何地，都要以学生为本，以爱为先。

仁爱之心，是教育工作者的精神支柱。我们的使命是帮助学生成长，让他们成为社会的栋梁之材。在教育的道路上，我们会遇到各种各样的挑战和困难。但是，只要我们怀揣着仁爱之心，就能够克服一切困难，在教育的道路上走得更加坚定和自信。

二、怀揣仁爱之心的践行路径

在教育的道路上，怀揣仁爱之心不仅是我们对学生的关爱，更是我们对教育事业的深深热爱。这份热爱让我们在面对挑战时更加坚韧，让我们在追求卓越的道路上不断前行。

怀揣仁爱之心，我们需要关注不同学生的成长阶段。我们要理解每个学生都是独一无二的，他们有自己的兴趣、天赋和潜力。因此，我们要努力提供个性化的教育，让每个学生都能在自己擅长的领域得到发挥和成长。我们要关注他们的心理健康，为他们提供必要的支持和帮助，让他们在快乐中成长、在成长中快乐。

怀揣仁爱之心，我们需要关注教育的公平性。我们深知教育资源的分配不均会影响学生的未来发展。因此，我们要致力于推动教育公平和教育的优质均衡发展，为每一个学生提供平等的教育机会。我们要积极参与社会公益活动，如利用云教育平台，为贫困地区的学生送去知识和温暖，让他们也能感受到教育的力量和魅力。

怀揣仁爱之心，我们需要注重与家长的沟通与共育。我们深知家长是最重要的伙伴和支持者。因此，我们要积极与家长沟通交流，了解学生在家庭中的表现和成长情况。我们要与家长共同制订教育计划，为学生提供全方位的教育支持，通过与家长的紧密合作和协同共育，共同为学生的未来发展打下坚实的基础。

怀揣仁爱之心，我们需要始终保持一颗感恩的心。我们要感谢每一个选择信任我们的学生和家长，感谢每一位给予我们帮助和支持的同事和领导。我们要继续秉持着这份仁爱之心，为教育事业贡献自己的力量，为学生的未来创造更加美好的明天。

风雨无阻，师心如一。在充满时代变革与挑战的教育工作中，在弘扬教育家精神的今天，我们要怀揣仁爱之心，用我们的智慧和教育心意，用我们的爱与责任，照亮学生的成长之路，培养出更多优秀的人才，为社会的进步和发展做出更大的贡献。

卢志，四川省教育科学研究院德育心理健康教育研究所所长、四川省陶行知研究会副会长、四川省陶行知研究会德育与家庭教育专委会理事长、四川省教育学会思想政治教学专委会秘书长、四川省普通高中课程改革思想政治学科专家组组长。

教师歌[1]

一

来，来，来，
来到小孩子的队伍里，
发现你的小孩。
你不能教导小孩，
除非是发现了你的小孩。

二

来，来，来，
来到小孩子的队伍里，
了解你的小孩。
你不能教导小孩，
除非是了解了你的小孩。

三

来，来，来，
来到小孩子的队伍里，
解放你的小孩。
你不能教导小孩，
除非是解放了你的小孩。

四

来，来，来，
来到小孩子的队伍里，
信仰你的小孩。
你不能教导小孩，
除非是信仰了你的小孩。

五

来，来，来，
来到小孩子的队伍里，
变成一个小孩。
你不能教导小孩，
除非是你变成了一个小孩。

——二十三年五月十六日

---

[1] 原载《生活教育》1934年第1卷第7期。原副标题为"献与儿童教育社同仁和《儿童教育月刊》同时披露"。《教师歌》是陶行知应陈鹤琴邀请为该社作的诗歌。

让"儿童为本"思想落地生根

尹艳

陶行知先生的《教师歌》以其朴实的语言风格、真挚的情感态度，浅显地阐释了一个人人皆能明白的大道理：教育没有晦涩的理论，没有高超的技巧，唯有坚信儿童是有能力的学习者，落实"儿童为本""儿童立场"理念，在爱与陪伴中和儿童共成长。

一、《教师歌》是教育领域科学理念的生动诠释

（一）《教师歌》里面主张的儿童中心论

诗中"发现你的小孩""了解你的小孩""解放你的小孩""信仰你的小孩"都是强调尊重儿童的主体地位，关注儿童的兴趣、需求与个体差异，鼓励教育者以儿童的视角去审视和理解教育过程，确保教育内容与方式贴近儿童的生活实际和心理特点。

（二）《教师歌》里面蕴含的全面发展观

通过"了解你的小孩"的呼吁，陶行知强调了全面了解儿童的重要性，这实际上是对儿童全面发展观的践行。全面发展不仅要求五育并举，还要能够学以致用、知行合一。教育者不能只"说教"，而应通过"了解"达成细致的观察与评估，为儿童提供多元化的学习机会，促进其全面成长。

（三）《教师歌》里面强调的尊重与信任

"解放你的小孩"与"信仰你的小孩"两句，体现了陶行知对儿童自主性和潜能的高度尊重与信任。陶行知先生倡导"小先生"，这要求教育者摒弃传统的权威主义观念，给予儿童足够的自由空间去探索、尝试和试错，相信他们有能力在适当的引导下实现自我成长和进步。《幼儿园保育教育质量评估指标》明确提出要

"充分尊重和保护幼儿的好奇心和探究兴趣,相信每一个幼儿都是积极主动、有能力的学习者",诗中的"发现""了解""解放""信仰"就是"相信"的最好诠释。

二、《教师歌》是幼儿教师科学保教的行动指南

(一)《教师歌》引导教师的专业观察与评价

"发现"与"了解"的提出,实际上是对幼儿教师进行专业观察与评估的要求。幼儿教师想要读懂儿童,就要具备敏锐的观察力,能够捕捉儿童在学习、生活中的细微变化与需求,准确把握儿童在游戏中的表现,通过科学的评估手段了解儿童的发展水平与学习特点,为其制订个性化的教育计划提供依据。

(二)《教师歌》指导教师的游戏策略创新

"解放"与"信仰"的理念要求幼儿教师涵养游戏精神,提升设计、组织、实施游戏活动的能力,采用启发式、探究式等更加符合儿童认知规律的教学方法。通过创设丰富的教育环境,提供多样化的学习材料,激发儿童的学习兴趣和探究欲望,促进他们主动学习。

(三)《教师歌》倡导教师的情感关怀与"和儿童共生"

《教师歌》还倡导对幼儿进行情感关怀。"来,来,来,来到小孩子的队伍里"是倡导幼儿教师"蹲下来"和孩子交流。只有当教师真正和孩子们"打成一片",成为孩子们的朋友,孩子们才愿意亲近教师、信任教师,从而"亲其师,信其道"。当教师"来到小孩子的队伍里",真正的"教学相长"就产生了,也才能实现"和儿童共生"。

三、《教师歌》为当代父母科学育儿提供了实用技巧

(一)熟悉《教师歌》建立科学的亲子关系

家长熟悉并能运用《教师歌》是一件功在当代、利在千秋的事,毕竟家庭是孩子的第一所学校,父母是育人的第一责任人,父母更需要"发现"与"了解"孩子。当代父母应主动"来到小孩子的队伍里",与孩子建立亲密关系,通过日常的陪伴与交流,深入了解孩子的内心世界和成长需求。这种亲密的亲子关系有助

于增进父母与孩子之间的信任与理解，为孩子的健康成长奠定坚实的基础。

（二）运用《教师歌》培养孩子的自主性

"解放"的理念在家庭教育中同样重要。父母应尊重孩子的独立性和自主性，鼓励孩子尝试新事物、表达自己的想法和感受。在适当的引导下给予孩子自由的空间去探索、去试错、去成长，这样不仅能够培养孩子的自信心和创造力，还能够为他们未来的独立生活打下坚实的基础。

（三）内化《教师歌》成为孩子的榜样

"信仰"与"变成一个小孩"要求父母在育儿过程中以身作则、树立榜样。父母的行为举止、情感态度和价值观都会对孩子产生深远的影响。因此父母应时刻注意自己的言行举止是否符合社会规范和道德标准；同时，保持一颗童心去理解和接纳孩子的世界，用爱和耐心去陪伴孩子的成长。

尹艳，遂宁市河东实验幼儿园党支部书记、园长、高级教师，四川省优秀教师，四川省名校长，四川省卓越园长工作室领衔人，四川省陶行知研究会园长学术委员会常务理事，四川省幼儿园教师园长省级培训专家库专家，遂宁市学前教育中心组组长。先后主持（参加）10余项省市级课题研究。

百侯中学校歌[1]

源头活水，逝如梅河。

廓岭凌云，无或蹉跎。

生辰美吉，树人已多。

千灾万难，如琢如磨。

金刚坚利，克服凶倭。

与国同寿，与民同歌。

手脑双敲，未知之门。

努力创造，始败终成。

千教万教，教人求真。

千学万学，学做真人。

岁寒松柏，求仁得仁。

文化为公，百侯精神。

---

[1] 载方明主编《陶行知全集·第7卷》，四川教育出版社，2009，第806页。

如何发挥校歌的教育功能

杨淑骅

1943年9月,百侯中学庆祝复校十周年,校长致信陶行知请他为百侯中学作校歌,陶行知复信说明校歌应体现治校方略和治校精神,最好由百侯中学师生自己写,但百侯师生还是坚持请求陶行知写,陶行知只好把庆祝百侯中学复校十周年祝词加以修改,权作百侯中学校歌。校歌语句流畅,寓意深刻,既肯定了百侯中学的成就如同梅河川流不息,学生们怀有如廓岭一般的凌云壮志,在千灾万难中锻炼成才,在战胜日寇中成长,与国家与人民共命运;又强调了办学治校的价值取向:面向广大国民,实行手脑相长,在实践中锻炼成长,教师教人求真,学生学做真人,倡导创造精神,实现文化为公。歌词"千教万教,教人学真;千学万学,学做真人"凝结了生活教育的根本目的,激励着广大师生精进教与学,至今一直在教育界赓续,成为指导和评价学校工作的最佳标准之一。

一首好的校歌,应是思想与艺术的高度统一,能够直抵师生内心甚至让人铭记一生。然而,有的校歌成为摆设,有的"被恶搞",有时还出现合唱校歌时不张口之尴尬,校歌所承载的育人功能无以发挥。作为一种表现形式,校歌不仅仅是一首音乐作品,更是学校的精神图腾和文化名片,是对学校办学理念、办学特色以及校风、教风、学风的高度凝练,与校徽、校训等相得益彰,是学校文化的重要组成部分。如何充分发挥校歌激励学生成长、凝聚学校精神、繁荣校园文化等方面的价值功能,值得思考和研究。

一、充实内涵,增添校歌精神意蕴

要不断挖掘、不断丰富校歌的文化内涵,让学生理解到校歌的文化精义所在,充分感受到校歌的文化魅力,这样才能推动校歌精神在广大师生内心深处生根发芽。在新的形势下，学校要紧扣文化育人的主基调，充分结合"四史"和校史资源，以历史的力量、文化的力量丰盈立德树人的精神内涵，努力打造出以校歌为核心的"校园文化场"，助推校歌精神薪火相传。需要明确的是，只有站在时代前沿，校歌才能发挥出更大的育人效力，所以校歌不是一成不变的，必须联系时代背景，适应时代需要，坚持以社会主义核心价值观为引领，将时代精神融入校歌内涵之中，鼓励师生共同探讨校歌背后的历史文化与时代文化，让新时代校歌在与师生的碰撞和激荡中焕发生机与活力。

二、加强宣传，确保校歌深入人心

要让广大师生熟悉校歌、了解校歌，并自觉认同校歌、内化校歌，就必须全面加强对校歌的宣传推广，促进校歌文化和校歌精神在师生中落地生根、入脑入心。首先，要充分发挥校园舆论的导向作用，利用校园广播、校报等传统媒介进行广泛的普及性宣传，提高师生对校歌的关注度。如有学校在其官方网站首页、学生作业本、学校明信片等处都附上校歌和介绍。其次，要利用好新媒体传播内容丰富化、传播速度迅速化、信息接受便捷化等特点，让校歌在新媒体平台上同步得到宣传。再次，要注重发挥师生主体作用，让师生成为校歌文化的主要宣传者和校歌精神的践行者，加深校歌本身与师生间的精神沟通，从而推进校歌精神深入到师生的工作和学习实践之中。

三、丰富活动，拓宽校歌认同途径

学校要围绕校歌或以校歌为主题，开展形式多样、新颖有趣的文化活动。例如，在开学典礼、毕业典礼、校庆等重大节庆纪念日上开展合唱校歌活动；邀请校园杰出人物或知名校友等讲述校歌故事、解读校歌精神，借文化活动输出学校理念；设立校歌纪念日，调动学生探讨校歌的积极性；组织校歌专题研讨活动，深入解读校歌精神与校园文化；举办唱校歌、唱班歌比赛；等等。没有校歌或需要再创作校歌的学校可通过公开征集方式吸引师生参与，学校征集校歌的过程不仅是利用校歌开展文化教育的过程，也是帮助师生深入理解学校育人理念的过程，对增进校歌精神的认同也会起到非常显著的作用。

四、促进内化，提升校歌育人实效

一所学校可以条件简陋，也可以规模小，但是不能没有校歌，因为校歌蕴含校风，可以标树学校特色，可以焕发师生工作学习的激情，是引领学校发展方向的精神宣言。学校在开展校歌教育时不应流于形式，而应引导学生除了认同校歌，更要主动成为校歌建设的参与者、践行者和传播者。理念践行，贵在有恒，全体师生都要在行动上下功夫，自觉将校歌意涵内化到思想中，以校歌精神指导自己的实践行为。推进校歌文化建设，凸显校歌育人作用，要努力做到"三要三不要"：要敬畏校歌，不要随意篡改；要唱好校歌，不要有歌无声；要传扬校歌，不要时断时续。弦歌不辍，遗泽千秋，挖掘校歌文化，传承校歌精神，让校歌在"传统"与"现代"之间徜徉，让校歌穿越时空代代相传，这应是每个教育工作者共同的担当和光荣的使命。

杨淑骅，四川职业技术学院副教授、教师教育学院副院长，中国音乐家协会会员，国家二级演员。发行个人专辑《我的四川》，多次参加中央电视台大型文艺晚会演出活动，指导学生获得省级及以上奖项10余项。

告书呆子[①]

"没有指导,没有工做!"
探获新大陆的哥伦布,可曾说过?

"没有指导,没有工做!"
漂流荒岛的鲁滨孙,可曾说过?

"没有指导,没有工做!"
晓庄的学园里,要种几多活萝卜?

"没有指导,没有工做!"
开天辟地的机会,可能让它错过!

——十九年一月八日

[①] 载陶行知:《知行诗歌集》,上海儿童书局,1933,第38页。

从书本到生活

王雨露

1927年3月，陶行知在南京开办晓庄师范，针对学校图书室的建设与功能，他提出读书不做书呆子，并为此写了《告书呆子》一诗。全诗采用由古至今、由远及近、由具体到抽象的四次反问，引发大家不断思考读书与实践之间的关系。这也是陶行知先生对当时"读死书、死读书、读书死"现象的深刻批判。在他看来，哥伦布探获新大陆、鲁滨孙在荒岛生存、晓庄学园种植萝卜都不是停留在书本之内，而是落实在行动之中的。如果我们仅仅为读书而读书，把头深深地埋进书本之中，缺乏行动与实践的观照，那么那些开天辟地的机会和可能的突破性创造就会与自身擦肩而过。一语不能践，万卷徒空虚。用书之智不在书中，而在书外。在追求教育高质量发展的今天，陶行知先生的《告书呆子》对我们有何启发呢？

首先，必须意识到"行是知之始，知是行之成"。"即行即知""行动是老子"等都体现出陶行知对"行"的重要性的强调。人类知识体系是在漫长的历史进程中，通过无数次的实践探索逐步积累、不断丰富和完善而来的。离开了实践，人的内在力量只能处于潜在的可能状态，不能得到进一步的显现和确证。为此，学生的学习应该注重实践、体验与思考，通过实际行动获取真知、深化认识和创造新的知识。正如诗中所言，探获新大陆的哥伦布、漂流荒岛的鲁滨孙不正是在行动中探索出"发现新大陆""荒岛求生"的实践经验吗？当我们看到一名大班的孩子站立在"滚筒"之上来回跃动时，我们必须深刻地意识到这些经验的获得或许与"书本"无关，而是行动探索的结果。

其次，需要在生活实践中加深对知识的理解。陶行知在《读书与用书》中指出："我们与其说'读书'，不如说'用书'。书里有真知识和假知识。读它一辈子不能分辨它的真假；可是用它一下，书的本来面目便显了出来……"[1] 我们应当把

---

[1] 陶行知：《读书与用书》，《读书生活》1934年第1期。

学生从书本为主、升学为旨的狭小圈子里解放出来,将书籍中的知识应用到实际生活中去,在具体的行动与实践中发现问题、解决问题。在陶行知看来,前进的意识要通过生活才算是教人真正地向前去[①]。"生活即教育"的本真特质是"生活的""行动的",如果仅仅是为读书而去读书,甚至把自己读成一个"书呆子",那读书本身也就失掉了自身的价值和意义。因此,回归生活实践中去"用书"才能在真正意义上理解书本,如果要让儿童更加深刻 W 理解蚯蚓的生活环境,请带他们去到种植区观察与发现;如果要让儿童知道如何养活萝卜,请带他们去探索种植萝卜的各种方式。

最后,教育应指向生活本身。书本、文字只是生活的一种工具,不是生活本身。对人而言,生活本身才是教育的目的。行动所产生发展的理论,还是为了要指导行动,引着整个生活冲入更高的境界。[②] 在陶行知看来,如果教育不能联系现实生活,不能被现实生活滋养并回归到现实生活中,那么教育则毫无力量,也缺失真正的营养。只有教育和生活相结合,才能解决现实生活中的实际问题,并能有效指导实际生活。因此,教育是不能离开生活的"纯粹教育",其只能是指向使现实的生活变得更加有意义的教育,这种意义指向更好的生活本身。晓庄学园的"活萝卜"、"开天辟地的机会"其价值意蕴都在回归生活本身。

生活实践中的每一个瞬间、每一次经历、每一个挑战都是孩子们学习和成长的机会,意味着新的视野和可能。陶行知对"没有指导,没有工做"的深刻反思,对如何将孩子们从书本中解放出来并让他们走进生活实践有着重要的指导价值和意义。让孩子们在行中知,珍视生活中的每一个机会和经历,或许万千可能就在其中。

王雨露,成都大学师范学院副教授、硕士研究生导师,四川省陶行知研究会常务理事、幼儿园园长专业委员会执行理事长。发表论文 10 余篇,出版专著 4 部,参编教材 8 本。

---

① 方明主编《陶行知全集·第 3 卷》,四川教育出版社,2009,第 606 页。
② 同上书,第 605 页。

贺南开中学第一次会考失败[①]

什么学校最出色？
当推南开[②]为巨擘。
会考[③]几乎不及格，
三千里路来贺客。
请问贺客贺什么？
贺你几乎不及格。
倘使会考得第一，
贺客就要变吊客。

[①] 载方明主编《陶行知全集·第7卷》，四川教育出版社，2009，第166页。原诗注：听说第二次会考，南开一怒得第一，不知道是不是事实；如果是事实，那么老夫就不免前去吊香了。

[②] 原诗注：南开：即南开中学，教育家张伯苓于1907年把天津私立第一中学改建而成。该校重视教育质量，培养许多人才，深得社会好评。

[③] 原诗注：1932年5月，国民政府规定，公私立中小学应届毕业生均须参加毕业会考，各科成绩及格始得毕业。

从"杀人的会考"到"创造的考成"转向

罗运辉　张光远

喜事当贺,悲事当吊,此乃人之常情。但是,也有一些智者善于辩证地看问题,能从不该贺的事中看出应该贺的新意来。如唐代文学家柳宗元得知好友王参元家里失火的消息,写过一篇《贺进士王参元失火书》,阐述自己致书祝贺朋友家失火的原因,"始而骇""中而疑""终乃大喜"层层递进,传递了对友人的深切关爱和无限关怀之意。陶行知先生这首《贺南开中学第一次会考失败》也贺得十分有趣,颇有新意,有异曲同工之妙。

1934年10月,他应邀到南开大学演讲,当得知在69个参考学校中,南开中学男校排名第18、女校排名第37是因为校长张伯苓不肯牺牲学生的宝贵生活以迁就"毁灭生活力之文字的会考"时,当天晚上就向张伯苓道喜祝贺。张伯苓认为南开是造就"活孩子"的,不应以考试分数为主要目标,应把培养学生的能力和发展学生的个性放在突出地位。陶行知很同意他这一观点,所以不远三千里而来贺"几乎不及格"。

这首诗的艺术性在于标新立异,会考几乎不及格当贺客,如果会考第一却要当吊客,旗帜鲜明地反对会考制度,立场坚定地赞赏南开办学宗旨。第一句"什么学校最出色？当推南开为巨擘",强调了南开中学的卓越地位;第二句"会考几乎不及格,三千里路来贺客",描述了即使南开中学学生在会考中表现不佳,仍然有远道而来的贺客,说明了南开中学在人们心中的特殊地位;第三句"请问贺客贺什么？贺你几乎不及格",进一步强调了贺客对南开中学的支持并非基于成绩,而是对其教育理念的认可;第四句"倘使会考得第一,贺客就要变吊客"暗示了陶行知持有的不唯分数和成绩的教育思想。综上所述,这首诗歌通过幽默的语言和对比手法,展现了南开中学独特的教育理念和其在社会上得到的广泛认可。

陶行知曾在《杀人的会考与创造的考成》一文中批判会考"大规模地消灭民

族生存力"，是中国传统教育延续下来的"多幕的滑稽的悲剧"。在这种制度下，"学生是学会考，教员是教人会考，学校是变成了会考筹备处"。他呼吁道："先生不应该专教书，他的责任是教人做人。学生不应该专读书，他的责任是学习人生之道。我要你们做有知识、有实力、有责任心的国民；不要你们做书呆子。"可目前有些学校，学以应试，考以应试，已经成为思维定式。所谓的"好学生"，就是听话和成绩好的学生；所谓的"好教师"，就是所教学科学生考试成绩好的教师；所谓的"好学校"，就是考上重点学校的学生人数多的学校。如果陶行知在世，面对今天的教育，他又将写下怎样的文字呢？从"杀人的会考"到"创造的考成"的转向，何时能成？

习近平总书记在2024年全国教育大会上强调，各级各类学校要紧紧围绕立德树人根本任务，正确处理知识学习和全面发展、培养人才和满足社会需要等重大关系。这为全面深化教育综合改革，构建好有利于教育高质量发展的体制机制指明了前进方向、提供了根本遵循。当前教育界正在继续深化教育评价体系改革，以应对类似陶行知当年所批评的应试教育问题。例如，在一些地方，可能会更关注提升教学质量、考试文化建设以及高校自主招生考试制度等方面的改革。这些改革旨在释放更强的动力，为学生提供更加公平和全面的评价机制，从而避免"会考"制度带来的负面影响。但愿陶行知所说的"大规模地消灭民族生存力"的"滑稽的悲剧"在建成教育强国的征程中尽快结束。如是，则孩子甚幸，教育甚幸，民族甚幸。

罗运辉，四川省遂宁市涪江中学副校长，中学政治高级教师，遂宁市思政课教师先进个人，四川省教育学会会员。长期从事高中一线教学和管理工作，在《四川教育》《新课程》等杂志上发表多篇论文，所撰论文多次荣获省二等奖、市一等奖，参与编写2部专著及多部教辅、教参。

张光远，四川省遂宁市第二中学校物理教师，曾获遂宁市赛课一等奖和"优秀班主任""先进教育工作者"等荣誉称号。

春天不是读书天 ①

一

春天不是读书天：
关在堂前，
闷短寿源！

二

春天不是读书天：
掀开被帘，
投奔自然。

三

春天不是读书天：
鸟语树尖，
花笑西园。

四

春天不是读书天：
宁梦蝴蝶，
与花同眠。

五

春天不是读书天：
放个纸鸢，
飞上半天。

六

春天不是读书天：
舞雩风前，
恍若神仙。

七

春天不是读书天：
攀上山巅，
如登九天。

八

春天不是读书天：
放牛塘边，
赤脚种田。

九

春天不是读书天：
工罢游园，
苦中有甜。

十

春天不是读书天：
之乎者焉，
太讨人嫌！

十一

春天不是读书天：
书里流连，
非呆即癫。

——二十年春

---

① 原载《师范生》1931年4月15日创刊号，原题为《春天不是读书天的回声》，署名自由诗人。

打破死读书教育之迷执

柏雪

春天不是读书天,意思是春天不适合读书吗?初看标题,可能会让人误以为陶行知先生否定读书与教学的重要性,那么,事实真是如此吗?陶行知先生真的反对春天读书吗?通读全诗,发现《春天不是读书天》这首诗歌以其生动活泼的语言和深邃的教育思想,向我们展示了陶行知先生对传统教育的反思和对生活教育理念的倡导。陶行知先生真正反对的不是读书,他反对的是"读死书,死读书",他倡导活的教育,要"读活书,活用书"。本文尝试从教育学和心理学的双重视角,解析这首诗背后的教育理念及其对儿童成长的深远影响。

一、生活教育的实践

陶行知先生的生活教育理论强调"生活即教育,社会即学校,教学做合一"。他认为真正的教育是与万物亲近,融入大自然、大社会的教育。诗中有多处反映与大自然和大社会接触的语句,"关在堂前,闷短寿源"一语,批判了传统教育的闭塞与局限,指出教育不应局限于四壁之内,而应融入生活,与大自然的韵律合拍。春天,作为自然界生命力最为蓬勃的季节,被他视为儿童最佳的学习时段。正如诗中所言,"放个纸鸢,飞上半天",儿童在与自然的互动中,不仅能学到科学知识,更能培养观察力、想象力和创造力。再如"放牛塘边,赤脚种田",这不仅是对传统农业劳动的赞美,也是对体验式学习的提倡。通过亲身体验,学生能够在自然和社会实践中获得直接经验,促进知识的整合与迁移,增强理论与实践的联系,提高解决实际问题的能力。同时,在春天走出教室,接触自然,不仅有利于身体健康,还能够培养审美情趣,如"工罢游园,苦中有甜",意味着学习之余,也要懂得休息和享受,体验生活的美好,实现劳逸结合,促进身心的全面发展。"生活即教育"是陶行知先生生活教育理论的核心,也被融入了他创办的学校的相应课程里,比如育才学校的学生除跟教师学外,还跟伙伴学,跟民众学,走向图书馆去学,走向社会和自然界去学。教师鼓励学生去接触大自然的花草树木、青山绿水、日月星辰以及大社会中各行各业的人。此种做法,与《春天不是读书天》诗歌中所提倡的做法趋于一致,都是对生活教育思想的实践。

二、儿童发展规律的遵循

陶行知先生在描述此诗的教育实践活动中,还运用了心理学理论。从情绪调节的角度看,心理学研究认为季节变换会影响人的情绪和行为模式。春天是大自然苏醒的季节,这种富有生命力的季节会让人们普遍感到更为愉快。陶行知先生提倡"春天不是读书天",鼓励学生"掀开被帘,投奔自然",实际上是鼓励学生顺应自然规律,通过亲近自然来调节情绪,减轻学习压力,这有助于提高学习效率和维持心理健康。从认知发展角度看,皮亚杰的认知发展理论认为儿童应通过与环境的互动构建知识结构。春天丰富的自然环境为儿童提供了探索、实验的场所,有助于促进其认知能力的发展。例如观察昆虫、种植植物等活动,不仅丰富了儿童的直接经验,还促进了儿童解决问题能力和逻辑思维的发展。从社会性发展角度看,埃里克森的社会心理发展理论强调儿童在与人交往中形成自我认同。例如"放个纸鸢,飞上半天"这种集体活动体现了陶行知先生强调在玩乐中学习,同时鼓励儿童在团队协作中建立友谊,学会互助与分享,这对于其社会性和情感的发展至关重要。从创造力提升角度看,童年是想象力和创造力发展的关键期。春天的自然环境,以其无尽的变化与美丽,极大地激发了儿童的想象力。诗中的"宁梦蝴蝶,与花同眠",不仅是一种诗意的表达,也映射出儿童心灵自由飞翔的状态。从学习动机角度看,德西与瑞安的自我决定理论强调内在动机对于学习效果有着关键性作用。诗作通过描述春天的美好,间接倡导一种基于兴趣的学习方式,而非外在强迫。例如诗句"鸟语树尖,花笑西园",通过描绘春天的生动景象,激发学生对周围世界的好奇心和探索欲,这种内在驱动远比外部奖惩更能促进深度学习。

三、现代活教育的追寻

综上所述,《春天不是读书天》不仅是一首诗,更是对传统教育模式的一次诗意批判和对新教育理念的呼唤。陶行知先生认为,教育应当是全面的、体验式的、与自然和谐共生的。它启示我们,现代教育体系应打破教室的界限,创造更加开放、灵活和全面的教育环境。在教育过程中要重视儿童的情感需求,提供安全的环境,让儿童学会以健康的方式表达情绪、释放压力,鼓励儿童建立健康的人际关系,参与集体活动,构建情感支持网络。同时,教育者应注重激发儿童内在动机,通过实践体验活动促进学生知识的内化与创新能力的培养,让教育真正成为引导学生发现自我、理解世界、贡献社会的过程。通过以上教育方式,可以帮助儿童维持心理健康,并激发他们的创造力,使他们成长为身心健康、全面发展的人。

柏雪,四川职业技术学院专任教师,主要从事小学教育教学工作,曾荣获"优秀班主任"称号。

武训先生画赞[①]

朝朝暮暮，快快乐乐。

一生一世，到处奔波。

为了苦孩，甘为骆驼。

于人有益，牛马也做。

你无靠背，朋友无多。

未受教育，博士盖过。

当你跪下，谁奈你何。

不置家产，不娶老婆。

为着一件大事来，兴学兴学兴学。

沈叔羊先生画武训先生像嘱为之题

三十三年九月二十五日

---

① 原载《新华日报》1944年12月19日。

陶行知心中的"武训精神"

李小平

陶行知为了兴教办学,曾推崇过武训。他以新的时代精神把武训思想进行了提炼升华,他在《新武训》中说:"让我们大家跟武训先生学吧!学他自食其力,学他贯彻宗旨,学他注意后辈之长进,学他看重先生之责任,学他苦口婆心劝人有力出力、有钱出钱,共兴义学。今日大敌当前,如果武训复兴,他所要兴办的不可能是旧日之义学,而一定是抗日建国之义学……我们所要学的是武训的真精神,配合时代之需要,普及新义学,以增加抗战建国之力量。这便是我们的责任。"他号召人人学武训,做新武训、集体的武训,慷慨捐资助学。沈钧儒的儿子沈叔羊画了武训像,请陶行知题词,陶行知便题了这首诗。

这首诗对武训精神的介绍简明扼要、重点突出。特别是选择特殊意象,描述武训为兴学忍辱负重的劳苦形象逼真传神,令人肃然起敬,由衷感动,不能不见贤思齐。"朝朝暮暮,快快乐乐。一生一世,到处奔波",表达了武训乐观、积极向上的生活态度,即使一生都在奔波也不感到疲惫;"为了苦孩,甘为骆驼。于人有益,牛马也做",表现了武训无私奉献的精神,愿意为了帮助他人而甘愿成为任劳任怨的动物——骆驼,甚至愿意做对社会有益的牛马;"你无靠背,朋友无多。未受教育,博士盖过。当你跪下,谁奈你何。不置家产,不娶老婆",歌颂了武训虽然没有依靠和朋友,但依然坚持自己的信念,并且不追求物质财富和个人享乐。最后两句"为着一件大事来,兴学兴学兴学"点明了全诗的主题,即诗人致力于教育事业,希望通过兴办学校来改变现状。

这首诗主要表达了陶行知对教育事业的执着追求和无私奉献精神。他提倡乐观的生活态度,强调为了帮助他人和社会,甘愿付出一切,包括个人的物质利益和家庭生活。同时,诗中也反映了他对当时社会现状的不满以及对未来的希望和信念,即通过教育来实现社会的进步和发展。在这首诗中,陶行知所推崇的已不是历史上原来意义上的武训,而是经他改造,具有新民主主义思想内核的新武训了。

在《新武训》一文中可以看到陶行知的态度十分明确,即要发扬、推崇与时代相切合的"武训精神"。先生用"三无四有"对"武训精神"做了最本质的概括。1944年为纪念武训诞辰,陶行知在育才学校发表了题为"谈武训精神"的讲话,他说:"武训精神可以用三无与四有来回答。一无钱,二无靠山,三无学校教育。有此三无,照一般想法,那能做什么事?可是他有四有,即是:一有合乎大众需要的宏愿,二有合乎自己能力的办法,三有公私分明的廉洁,四有尽其在我、坚持到底的决心。"[①] 这可以说是对"武训精神"的最精当的表述,告诉我们学习武训,不是学习他乞讨放贷,而是要学习他在"三无"的情况下依然一心办学的坚持和决心。

先生对"武训精神"的推崇也是辩证的。陶行知虽然在不同场合向众人宣扬并传播"武训精神",但他不允许把"武训精神"神话化并予以限定,即不允许把武训装进一个小圈子里。在纪念武训诞辰107周年时,陶行知呼吁要把武训从四个小圈子里释放出来。第一,是把武训先生从"苦行"的小圈子里解放出来。武训先生不是一个苦行者,他是一个快乐的人,是一个以兴学为无上快乐的人。第二,是把武训先生从"异行"的小圈子里解放出来。第三,是把武训先生从"圣人"的小圈子里解放出来。因为武训先生本来就是一个平凡的老百姓,只要肯学习武训先生的尽其在我,每一个老百姓都可以成为武训先生。第四,是把武训先生从"我们"的小圈子里解放出来。因为武训先生是属于整个中华民族的。[②] 也就是说,"武训精神"不是狭隘的,而是一个平常人凭自己的努力所能做到的平常事情,这是对武训的最真实的认可。陶行知希望人们能够以一种平常心去学习"武训精神",认为只要坚定信念,人人都可以成为武训。

---

① 王君怡:《陶行知对"武训精神"的再造与传承》,《河南财政税务高等专科学校学报》2016年第5期。
② 陶行知:《把武训先生解放出来——为武训先生诞辰一百零七周年纪念而写》,《民主星期刊》1945年第10期。

陶行知将"武训精神"的内涵凝练为"四有",无疑是一种再生性创造,展现出他对历史的尊重和对教育事业的挚爱。尽管"武训精神"在某些时期受到了批判,但总体而言,"武训精神"仍被广泛认为是值得尊敬和学习的。近年来还有许多学者和机构致力于研究和弘扬"武训精神",探讨其在当代社会中的现实意义。"武训精神"不仅仅具有丰富的历史内涵,更是对现代教育和社会责任的一种启示,它提醒我们,在任何时代,信念坚定、兴办义学、无私奉献都是值得提倡和传承的。

李小平,遂宁市教科所副所长,政治学科教研员,副高级教师,四川省教育学会第四届理事,遂宁市教育学会秘书长,四川省教育学会政治教育专委会常务理事。曾荣获遂宁市优质课展评一等奖、遂宁市教学成果奖一等奖3项、遂宁市社科成果三等奖1项、四川省政府教学成果奖二等奖1项,多次被评为遂宁市社科研究先进个人、遂宁市高中教育先进个人。主持完成市级课题3项,主研完成省级课题4项。

一文钱[1]

公家一文钱，
百姓一身汗。
将汗来比钱，
化钱容易流汗难。

——十六年十二月十五日

---

[1] 载陶行知：《知行诗歌别集》，上海儿童书局，1935，第103页。

办学用钱需节俭

廖丹　兰涵

节俭是中华民族自古以来的美德。"审度量，节衣服，俭财用，禁佚泰，为国之急也"，这是管仲的名言；"节欲则民富"，这是晏婴的经验；墨子更把节俭提到关系国家存亡的高度，指出"节俭则昌，淫佚则亡"。《资治通鉴》中也提出"取之有度，用之有节，则常足。取之无度，用之无节，则常不足"。

陶行知当了多年的晓庄师范、育才学校校长以及生活教育社等教育改革社团的主要负责人，始终提倡开源节流、量入为出、公私分明、清正廉洁。他之所以能做到这些，都源于他对公款取之于民的基本认知。《一文钱》这首小诗正体现了他这种认知，其艺术性在于巧妙利用对仗。前两句"公家一文钱，百姓一身汗"对得工整、贴切，后两句"将汗来比钱，化钱容易流汗难"中"化钱容易"与"流汗难"对照，旨意明确。他认为公家每一文钱都来自百姓一身汗，公家花钱或散钱容易而百姓流汗挣钱难。因此，他非常注重节约。可是，如果公家需要他捐献，他却十分慷慨大方。他把和吴树琴结婚时朋友送的礼钱捐给了贫困工人，把母亲逝世收到的祭礼钱捐给了学校，把妹妹忌日收到的祭礼钱换成科普读物捐给了学生。陶行知是廉洁奉公的表率，也是勤俭办学的模范。

在另外一首《钱》中，他写道："生不带钱来，死不带钱去。有钱便散尽，何须写借据！"这首诗表明了陶行知对钱的达观态度，鞭挞了"人为财死，鸟为食亡"的偏见。他主张个人有钱便要散尽，用到社会最需要的地方，而且不期望归还和报答，不必写下证明和借据。只要用到该用的地方，就是钱得其所了。他是这样说的，也是这样做的。他曾到28个国家与地区宣传抗日，所招募的大量资金都通过宋庆龄转给了八路军；他曾筹措了大量财物资金，悉数移交育才学校、新安小学等；他还把自己的积蓄拿出来救助穷人、捐给学生。钱对他来说，只是办公事的工具。他不疼爱个人的千百元，却珍惜公家的每一文钱，这就是他高尚的金钱观。

公私分明、廉洁自律是陶行知的优秀品质和伟大人格。他在重庆创办育才学校，担任校长。办学条件极为艰苦，他自当武训，四处募捐，每次都是步行，舍不得花公家一文钱车费。肚子饿了，以面充饥，自掏腰包，不要报销。他上衣缝有两个口袋，一个装公款，一个装私款，募捐来的钱都装在装公款的口袋里。回到学校，老师们问他，他为什么要两个口袋放钱，他诙谐地说："公私之间应当划条鸿沟，绝对隔离，不使他有毫厘之交通。私账混入公账，公账混入私账，就是混账。公民不但自己不混账，并且要反对一切混账的人。"大家恍然大悟。

《一文钱》这首诗的意义在于他把公家的钱与百姓的汗紧密联系在一起来观察、比较，充分说明公款来源于公民劳动，国家资金来源于百姓血汗，理应节俭使用，挥霍浪费就是犯罪。在《育才二周岁之前夜》，陶行知先生强调："我们要渡过经济难关，是要开源节流，标本兼治。治标的办法，是在节约捐款。根本之计，则在从事有效之生产，以十年树木之手段，贯彻百年树人之大计。"作为一个实干家，从某种意义上说，陶行知在办学治校中遭遇的一大困扰就是办学经费匮乏。在与朋友、同事的书信往来中，陶行知更是频繁谈及办学经费的筹措、使用问题。透过这些文字并深入考察陶行知的办学治校实践不难发现，开源节流是陶行知处理办学经费短缺问题的重要法宝。

在现实生活中，有些人大笔一挥，一掷万金，糟蹋老百姓的血汗钱毫不心痛。陶先生1927年写的这首诗，今天看来仍有警世资政的作用。

廖丹，四川职业技术学院财务国资处副处长，助理研究员。受聘教育部经费监管事务中心地方教育经费监管专家、四川省教育厅教育经费统计专家。长期从事教育财务管理、教育经费统计理论研究。发表论文《大数据时代高校财务精细化管理的优化对策分析》《高校会计制度下职业院校基建核算的思考》等10余篇，主编《新编内部控制与风险管理》。

兰涵，四川职业技术学院助理研究员，智慧物流与供应链学院综合科科长，全国CVCC（国际礼仪教育协会）高级礼仪指导师，遂宁应用高级技工学校和遂宁市船山区志翔社会工作服务中心培训讲师，四川职业技术学院"双师型"教师、双创导师。2013年荣获四川省三八红旗手称号，多次被评为学校优秀辅导员、工会积极分子等，先后参与四川省示范性高职院校、优质高职院校、"双高"计划建设工作，发表论文10余篇。

中篇

导 语

习近平总书记在同北京师范大学师生代表座谈时指出："过去讲，要给学生一碗水，教师要有一桶水，现在看，这个要求已经不够了，应该是要有一潭水。"广大教师应把学习作为一种职业本分、一种精神追求，善于学习、终身学习，读万卷书、行万里路，拓宽知识领域、完善知识体系，为学生成长成才提供源源不断的知识活水。本体性知识、条件性知识、实践性知识、通识性知识等教师专业知识是教师专业素质的重要组成部分，它不仅影响着教学效果和学生的学习体验，还直接关系到教育事业的发展。为了不断提升自身的专业素养，教师需要持续学习、实践和反思。本篇精选《三代》《小孩不小歌》《变个孙悟空》《变个小孩子》《学生或学死》《八位顾问》《小先生歌》《自立立人歌》《儿童工歌》《自勉并勉同志》《工学团》《长青不老歌》《纪念牛顿与加利略》13首诗歌，其主题要旨涉及现代学生发展知识、学科知识、教育知识、教学知识和学科教学知识等范畴。重温先生的诗歌，我们要回归简单而科学的教育常识，优化教学组织形式，坚信学生有不可思议的精神力量，勤学笃行。

三 代[①]

行动是老子。
知识是儿子。
创造是孙子。

——二十年秋

[①] 原载《申报·自由谈》1932年6月21日。

"行""知""创"一家

周鸿　徐猛

知行观是中国哲学的基本问题，也是中华传统文化的重要组成部分。陶行知先生在短诗《三代》中创造性地提出了"行动是老子，知识是儿子，创造是孙子"的"行知"理论。独树一帜的思想不仅为中国传统知行观注入了时代精神，更是促进了中国哲学与教育学的融合与发展。

知行学说在中国首见于《尚书·说命》，文中提及"非知之艰，行之惟艰"，告诉人们知易行难的道理。之后孔子、墨子、荀子等先贤对知行关系做了解释。陶行知从《墨辩》的"亲知""闻知""说知"三种知识出发，提出"在劳力上劳心"才是真正的"行"，体现了对墨家实践精神与"亲知"理论的推崇。

对陶行知先生影响最大的当属王阳明。王阳明讲"知"谈"行"时，向来不拘于一字一词逐义辨析，往往远取诸物、近取诸身，时而引经据典，时而就地论道，草木虫鱼可明心意，贩夫走卒皆为圣人。这种极具中国哲学之特色、中国哲学之风格、中国哲学之气派的论述方式，既通宇宙人生大道，又不离柴米油盐。所以，无论是"知"，还是"行"，都是内涵丰富的中国哲学概念，其抽象性与不确定性也为后人留下了广阔而自由的解读空间。这也深刻地影响了陶行知的思想，至今还流传着他那令人津津乐道的两次改名的故事。

陶行知在金陵大学学习期间，便深受王阳明"知行合一"的影响，竟然把名字改成"知行"。显然他认可了王阳明"知是行之始，行是知之成"的观点。1917年，从美国学成回国的陶行知先生积极投身于改进中国教育事业和发展平民教育的工作中。他为中国的教育事业奔走呼号，日夜操劳，创办了晓庄师范、育才学校等多所学校。在几十年的工作中，陶行知先生逐渐认识到了实践的重要性。在那个经济文化落后、社会生产力低、文盲占比超过95%的时代，唯有边做边教、边学边做才是最为可行的教育方针。在1934年，陶行知先生把自己原名"知行"改为"行知"，并在他主编的《生活教育》期刊上发表《行知行》一文，强调行才是知识的重要来源，也是创造的基础，身临其境，动手实干，才有知识和创造。"行是知之始，知是行之成"是陶行知先生吸收知行之传统、立足中国国情、融合中西思想而形成的极具个人特色和时代印记的"行知"理论，也是他对中国传统知行观的重要发展。

陶行知在《三代》中进一步发展了"行知"理论，构建了行动、知识、创造三者之间的关系，成为其"创造教育"思想的重要组成。延续"行"与"知"先后之辨的思考，陶行知用"老子""儿子""孙子"这些幽默诙谐的词语来简要说明了行动、知识、创造三者之间的生发关系。这种论述有别于中国传统文化中"苟日新，日日新，又日新"等关于创造精神的赞扬，而指出了创造精神的来源。当然，至于这一观点是否符合创造作为一种心理机制的促发要求，则需要用更为科学的眼光加以审视。

心理学家热衷于对创新的本质、心理机制、过程和促进创新的方法进行系统研究。最早对创造性心理进行研究的是英国的高尔顿，其《遗传的天才》一书成为世界上创造心理学的第一部科学文献。半个世纪后美国心理学家吉尔福德对创造心理学研究做出了举足轻重的贡献。百年来，虽然创造性作为心理学领域中十分活跃的研究领域，但是迄今为止没有一个公认的观点能解释什么是创造性。正如奥苏泊尔所言，"创造性是当今心理学与教育学中最含糊不清和最混乱的术语之一"[1]。目前心理学家公认的创造性是由多种心理品质构成的复杂体，包括认知品质、人格品质、适应品质。作为个体心理素质结构中的高级因素，创造性的发展受到诸多因素的影响，其中包括智能与知识。心理学家在研究创造性与智能、创造性与知识经验这两对变量时，惊讶地发现了适用于两对关系的同一个规律：创造性与智能、知识都存在密切关系，但是十分微妙且充满变数，并不呈线性正相关。

陶行知对创造性与行动、知识之间关系的朴素表达，抓住了其中必备要

---

[1] 奥苏泊尔：《教育心理学：认知观点》，人民教育出版社，1994，第710页。

素，是值得肯定的。陶行知先生一生强调"行"的重要性，而"事上磨，心上修"更是王阳明反复告诫成日钻研经卷的弟子们的话，在这一点上两位先生是一致的。其实，于今人而言，知行合一便是知行关系最好的表达，就像当前课程研究对"学以致用"和"用以致学"的争辩，本应无先后之分，更无先后之辩。

综上所述，我们似乎可以用另外一种既体现中国传统文化对"知"与"行"的抽象性认识，又契合对西方心理学创造与知识之间微妙关系的理解来总结陶行知先生关于行动、知识与创造的关系。

周鸿，成都师范学院学生，热衷于研习《论语》《庄子》《传习录》等国学经典，乐于将教育话题置于传统文化视角加以研究。

徐猛，成都师范学院副教授，成都师范学院小学教育系主任，四川省陶行知研究会教师发展专委会学术委员会副主任，四川省教育厅高校人文社科重点研究基地四川劳动教育研究中心主任。

小孩不小歌[1]

人人都说小孩小，
谁知人小心不小。
你若小看小孩子，
便比小孩还要小。

——二十年四月十八日

---

[1] 载陶行知：《知行诗歌集》，上海儿童书局，1933，第116页。

简单而科学的儿童观

龚光军

陶行知在《小孩不小歌》中敬告成人，不要小看小孩。全诗4句，每句用两个"小"字，共用了8个"小"字，特别是句末用的2个"小"字，每一个都有特别含义，既押韵又耐人寻味。小孩年龄小、身体小，但是心不小、精神不小，我们不可以小看小孩，如小看小孩，可能会发现各方面都还真不如小孩。他始终坚信小孩不小、小孩不笨。儿童是小主人，儿童是教师的导师，儿童有时比大人还高明。陶行知独树一帜的儿童观，是对以卢梭和杜威为代表的西方教育家的儿童观的继承和发展，是他生活教育思想形成的基础和发展指向，深刻地影响着中国近现代儿童教育的理论和实践，在不同的时期都被赋予了强烈的时代精神和崭新的时代内容，具有与时俱进的理论品格。

一、小孩不小

（一）儿童是小主人

陶行知先生并不满意"儿童是未来的主人翁"的观点，他认为"表面上看去好像是一种期望，真实是一种变形的抹煞，抹煞了儿童的现在的资格"[1]。他希望大家都承认儿童小主人的地位，让儿童行使主人翁的职权。陶行知先生认为，人们应该承认儿童的人权，尊重儿童，给儿童自由，让他们学着自己做事，做到渐渐自立。他希望儿童"立大志，求大智，做大事"[2]。

---

[1] 方明主编《陶行知全集·第3卷》，四川教育出版社，2009，第123页。
[2] 方明主编《陶行知全集·第7卷》，四川教育出版社，2009，第200页。

(二)儿童是教师的导师

陶行知强调:"小朋友是我们的总指导。不愿受小朋友指导的人不配指导小朋友。"[①] 他还说:"一个人不懂小孩的心理、小孩的问题、小孩的困难、小孩的愿望、小孩的脾气,如何能救小孩?如何能知道小孩的力量?而让他们发挥出小小的创造力。"[②] 他认为一个好教师的养成,必须拜学生为导师,他要求晓庄师范的教师虚心接受学生的问题和学生的要求,处处从学生身上着想,进而他提出,教师应该变成学生。在互动和对话中,教师可能成了学生,学生可能成了教师,这种角色的互换,实质是后喻文化在师生关系中的体现。

二、小孩毕竟是小孩

(一)儿童不是小大人

卢梭在《爱弥儿》中提到:"在万物的秩序中,人类有它的地位;在人生的秩序中,童年有它的地位;应当把成人看作成人,把孩子看作孩子。"陶行知先生认为孩子就是孩子,不是缩小的"成人",孩子有其自身的特点,成人不能以自己的标准来要求孩子,否则,孩子的枝枝蔓蔓会被成人砍伐殆尽。儿童在生理、心理上与大人有不同之处,但他仍是完全的个人,有他自己的内外两面的生活。儿童不是小大人,其十几年的童年生活,一面固然是成人生活的预备,但另一面也有独立的意义与价值。

(二)儿童具有发展潜力

当年晓庄师范停办的时候,晓庄小学不接受晓庄师范的教师和师范生回来任职,孩子们又不愿让私塾先生教,于是孩子们自发组织起来,推荐同学当校长、做教师,自己办学,自己教学,还自称是"晓庄儿童自动学校"。[③] 这在当时的中国是破天荒的事件,是儿童们创造的"奇迹"。陶行知认为,儿童就像种子,蕴

---

① 方明主编《陶行知全集·第2卷》,四川教育出版社,2009,第482页。
② 胡晓风等主编《陶行知教育文集》,四川教育出版社,2007,第555页。
③ 同上书,第518页。

藏着无可限量的发展潜力,"小孩子有不可思议的力量"①。

三、像陶行知那样读懂儿童

儿童观是教育观的基础,也是影响教育观的重要因素,是教育的出发点。苏霍姆林斯基认为,教育的任务首先是了解孩子,了解孩子是教育学的理论和实践的最主要的接合点。陶行知的儿童观有着极其丰富的内涵,可以说是永恒的。儿童之大,在于他们是民族的未来,在于他们心灵的丰富,在于他们创造潜能的无限。为此,我们要看到儿童"大"的一面,尊重信任儿童,要像陶行知那样,把儿童也当作自己的老师。同时,又不能忽视其"小"的一面,要以"爱满天下"为己任,以适当的方式培养、呵护、滋养"人才幼苗"。读懂儿童不仅是教师的责任,也是成功教育的前提,这就要求教师把儿童的成长和发展放在首位,走进儿童的生活,聆听儿童的声音,坚守儿童本位的价值高度,切实站在儿童的立场上审视教育。

龚光军,四川职业技术学院教授、教师教育学院副院长,全国婴幼儿保育与早期教育产教融合共同体副理事长,全国青年大学生心理健康知识竞赛专家指导委员会青年专家委员,四川省陶行知研究会理事,四川省心理学会理事,四川省幼儿园教师园长省级培训专家库专家,四川省中小学教师资格考试首席面试考官,四川省学前教育"双师型"名师工作室核心成员。先后主持(参加)40余项市厅级课题,发表论文60余篇,著有《陶行知教育思想及其当代价值研究》等10余部专著(教材),获得市厅级及以上教科研奖励30余项。

---

① 方明主编《陶行知全集·第8卷》,四川教育出版社,2009,第302页。

变个孙悟空①

变吧！变吧！
变个孙悟空，
漂洋过海访师宗。
三百六十傍门都不学，
一心要学长生不老翁。
七十二般变化般般会，
翻个筋斗十万八千里儿路路通。
学得本领何处用？
揭起革命旗儿闹天宫。
失败英雄君莫笑，
保个唐僧过难亦威风。
降妖伏怪无敌手，
不到西天誓不东。
请看今日座上战斗佛，
岂不是当年人人嘴里的雷公？

——二十年四月

变个小孩子②

儿童园里五老翁；
老翁个个变儿童。
变儿童，
莫学孙悟空！
他在狮驼洞，
也曾变过小钻风。
小钻风，
脸儿模样般般像，
拖着一条尾巴儿两股红！

——二十年四月十八日

---

① 载方明主编《陶行知全集·第7卷》，四川教育出版社，2009，第89页。
② 载同上书，第88页。

成就孩子，成就自己，成就教育

魏红桔

"教育是什么？教人变！教人变好的是好教育，教人变坏的是坏教育。活教育教人变活，死教育教人变死。不教人变、教人不变的不是教育。"这振聋发聩的话语，是陶行知先生论述师范生角色转换的一篇文章的开篇语。对师范生角色转换的问题，先生谈了两个方面，语言诙谐幽默而寓意明了直接，给人以启迪，给人以深思。按照陶行知先生师范生要做到"两个转变"的观点，"孙悟空"和"小孩子"之于教师，是两个榜样，值得学习。作为师者，我们应变身孙悟空，让学生们都像孙悟空一样无所不能；我们应变身学生，知学生之热，知学生之冷，知学生之所需，知学生之所求，投之所好，培其所长，成就学生，成就自己，成就教育。

一、师范生和教师的第一变——变个孙悟空

传统的教育观点认为，师范生要学着成为唐僧，就是要当师父，学生是孙悟空，要听师父的话，受师父的管理，师父教什么、学生学什么，即灌输式、填鸭式教育。然而，陶行知先生经过长期的探索，发现这种传统教育方式存在种种弊端，教师程序式教育、学生被动式接受，师与生没有真正形成心灵沟通，师生之间互动不够，教学效果不理想。他认为师范生不应该变为唐僧，而应该变成孙悟空，学生才是唐僧。在陶公眼中，孙悟空不仅是一个有目的、有远虑、有理想的"教师"，而且是一个胸怀大志、为人谋福的教师。他循循善诱地规劝教师"应该拜小朋友做师父，也如同孙行者的本领比唐僧大倒要做唐僧的徒弟"[1]。陶老这情

---

[1] 胡晓风等主编《陶行知教育文集》，四川教育出版社，2007，第255页。

真意切的文字，正是鼓励教师成长的号角。在推进教育高质量发展的今天，更具有深刻的意义。

要教学生变，教师首先得变。要教给学生本领，教师首先得本领高超。要促进学生健康成长，教师首先应甘心认小朋友当师父。孩子的成长也如西天取经一样充满挫折和困难，教师要解决各种各样的问题，必须拥有耐心和智慧，这就需要教师必须像孙悟空一样去虔诚地"取经"。《西游记》中，孙悟空多次赌气说："若让俺老孙去取那真经，一个筋斗云便足矣。"能行吗？绝对不行！因为大家看中的不是经书，而是取经的过程。"西天保谁去取经？小朋友是你的唐僧。"其实，保护孩子"取经"的过程，也是教师自我成长、自我发展的过程。

只有在这个携手共进的过程中，教师才能真正实现知识和实践的有机融合，才能真正体验教育的成功与快乐，才能真正实现自我生命的价值追求。孙悟空的执着和牺牲精神，的确值得每一个教师反思和学习。

二、师范生和教师的第二变——变个小孩子

在脍炙人口的《师范生的第二变——变个小孩子》一文中，陶行知先生一针见血地指出，在"小孩子懂得什么"的态度下，牛顿被认为是笨蛋，瓦特被认为是庸才，爱迪生被认为是坏鸡蛋；若想在笨蛋中体会出真牛顿，在凡庸中体会出真瓦特，在坏鸡蛋中体会出真的爱迪生，教师必须把自己变成个小孩子。要做一名优秀的教育工作者，请收起俯视孩子的高傲，蹲下尊贵的膝盖，把自己变成个小孩子。怎么才能变成个小孩子？

平等，才能变成个小孩子。教师平等对待孩子，才能被孩子认可是同行者，是小孩子世界里的一员。孩子是爱思考的，当你无法回答他问的问题的时候，你是不懂装懂还是拒绝回答？你是不耻下问还是冷眼以对？如果你不懂装懂，孩子会觉得被敷衍；如果你冷眼相对，孩子会误认为自己的问题低级无知，下次再也不敢问了。我们可以跟孩子一起讨论，查阅资料，一起追寻答案。这个过程不仅能提高孩子提问的积极性，也让我们变成小孩子。

关爱，才能变成个小孩子。苏联著名教育家苏霍姆林斯基指出，教育技巧的

全部奥秘就在于如何爱学生。不要以为孩子不懂爱,他们能从我们的眼睛里看到爱,能从我们的拥抱里感受到爱,更能从我们的微笑里觉察到爱。爱不是单一枯燥的说教,是发自内心的表达,是能让我们变成个小孩子的神奇魔术。

共情,才能变成个小孩子。共情,指的是一种能设身处地体验他人处境,从而达到感受和理解他人情感的能力,即换位思考。能做到换位思考是一种态度,更是一种品德。能够换位思考的教育者才能变成个小孩子并得到孩子的认同。教师若不蹲下身变成个小孩子,便不懂小孩子的烦恼,也就没法谈"教育"两个字。

魏红桔,遂宁市大英县实验幼儿园党支部书记、园长,高级教师。四川省魏红桔卓越园长工作室主持人,教育部"双名计划"何云竹名园长工作室成员,四川省第十五批学术和技术带头人后备人选,遂宁市第五批学术和技术带头人后备人选,遂宁市第三批川中明珠计划教育名师,遂宁市名校长。先后主持(参加)20余项省市县级科研课题,发表论文30余篇,著有《学前儿童教育心理学》《家园共育模式下幼儿全面人格影响研究》等专著(园本教材)6部,获得省市政府授予的荣誉20余次。

学生或学死[1]

小孩子,

小孩子,

那几个是学生?

那几个是学死?

——二十年四月七日

---

[1] 载陶行知:《知行诗歌集》,上海儿童书局,1933,第40页。

追求有生命力的教育

潘明剑

1931年，开创"陶派诗"的陶行知先生写了一首名叫《学生或学死》的小诗。至今阅读仍令人感到新鲜。诗歌的内容十分简单："小孩子，小孩子，那几个是学生？那几个是学死？"同类的诗歌，还有几首。陶行知在《糊涂的先生》中写道："你这糊涂的先生！你的学堂成了害人坑！你的墨水笔下有冤魂！你说瓦特庸，你说牛顿笨，你说像个鸡蛋坏了的爱迪生。若信你的话，那儿来火轮？那儿来电灯？那儿来的微积分？"他在《士之小影》中写道："四体既不勤，五谷也不分。达则作官去，穷则教学生。"从陶行知先生的本义来看，主要是批判封建传统教育对教师和学生的影响。在20世纪二三十年代，民族危机日益加重，为了寻找中国教育的曙光，为中国教育探获生路，陶行知先生一直走在探索的路上。

陶行知幼年就读于私塾，对封建传统教育有亲身体验。后来，他又接受了西方现代教育，因此对封建传统教育的弊病认识得很清楚。他一针见血地指出，传统教育是"死"的教育。这一观点在《学生或学死》中得以充分体现。诗中的"学生"与"学死"，都已不是普通名词，而是具有双重意义的动词。在陶行知看来，"学生"和"学死"实质上代表着中华民族文化教育两种截然不同的前途。旧的传统教育只能使受教育者学"死"，唯有新型进步教育能使受教育者学"生"。这既使学生有生命力，也让教育有生命力。

陶行知先生一生致力于追求有生命力的教育，他倡导教育要与生活紧密相连，让学生在实践中学习，在体验中成长。这种教育理念如同一盏明灯，照亮了教育发展的道路。而当我们将目光聚焦于当下教育体系中的重要组成部分——职业教育时，会惊觉陶行知先生所追求的教育真谛，与职业教育的本质不谋而合。职业教育同样强调将知识转化为实际技能，注重学生在特定职业领域的实践操作，以培养适应社会需求、具备生存与发展能力的专业人才。它正是在陶行知有生命力教育理念基础上的一种具象化、专业化的延伸，为学生开启一扇通往充满生机与挑战的职业生涯大门。

陶行知先生在《生利主义之职业教育》一文中指出，职业作用之所在，即职业教育主义之所在。职业以生利为作用，故职业教育应以生利为主义。陶行知认为，凡养成生利人物之教育，皆得谓之职业教育；生利主义既限于职业之作用，自是职业教育之特别目的。有生命力的教育，必然是与现实世界紧密相连，能够切实满足社会发展需求并推动其进步的教育。在职业教育领域，生利主义恰恰赋予了教育这种生命力。当职业教育以培养生利人物为目标，所培育出的人才便具有了强大的社会适应性与价值创造能力。他们不是脱离实际的纸上谈兵者，而是能凭借自身技能在各个行业发光发热的实干家，这正是生利主义职业教育下鲜活的生命力体现。

从"有生命力的教育"角度来看，生利主义教育观提醒着教育者，教育要贴近社会实际，持续优化教学内容与方式，让每一位学生都能成为具有强大生命力的社会建设者，为社会的持续发展注入源源不断的活力，真正践行追求有生命力的教育的使命。

潘明剑，四川省中小学正高级教师，四川省普通中小学教科研专家库入选专家，中华女子学院考核家庭教育建设指导师。主编图书3本，发表论文40余篇，完成的教育科研课题2次获四川省教育成果奖。

八位顾问[①]

我有八位好朋友,
肯把万事指导我。
你若想问真名姓,
名字不同都姓何:
何事,何故,何人,何如,
何时,何地,何去,
好像弟弟与哥哥;
还有一个西洋派,
姓名颠倒叫几何。
若向八贤常请教,
虽是笨人不会错。

[①] 载方明主编《陶行知全集·第7卷》,四川教育出版社,2009,第777页。

陶行知的求八贤读书法

郝汉坪

陶行知一生博览群书，学识渊博，他从长期的教育实践和刻苦学习中总结出了"求八贤读书法"。这"八贤"或者说"八位顾问"分别是何事、何故、何人、何如、何时、何地、何去、几何。这"求八贤读书法"，是读书的方法，也是思考的方法、做事的方法、做学问的方法、沟通的方法，其告诉我们在工作、生活、读书学习中遇到问题或困惑时，要多问几个为什么，要多角度、多层次地探求，分析问题、解决困惑。

一、学问强调勤学多问

质疑问难是探究学习的一种好方式，也是陶行知一贯的治学思想。在发问的作用上，他在《每事问》一诗中写道："发明千千万，起点是一问。禽兽不如人，过在不会问。智者问得巧，愚者问得笨。人力胜天工，只在每事问。"他指出，要沿着生活过程科学地去问，即行动生困难，困难生疑问，疑问生假设，假设生实验，实验生断论，断论又生行动，如此无限循环。另外，对于任何一个问题，不仅要敢问、勤问，还要问到底，他说："天地是个闷葫芦，闷葫芦里有妙理。您不问它您怕它，它一被问它怕您。您若愿意问问看，一问直须问到底！"陶行知先生主张学习知识要寻根究底，直至清清楚楚、明明白白。他曾在重庆育才学校提出"每日四问"：①"我"的身体有没有进步？②"我"的学问有没有进步？③"我"的工作有没有进步？④"我"的道德有没有进步。这"四问"可以理解为人生要义，是能把我们的人生渡到更高境界的宝筏。如果一个人能从这"四问"着手学习做人，无疑会受益匪浅。对这"四问"，我们可以理解成陶行知主张从"问"中学做人。

陶行知先生认为，读书学习就应该不断提出问题，《八位顾问》这首小诗，生动幽默地表达了他的教育主张和学习方法，这是他长期教育实践的总结。他认为学习要有疑问，要多提出问题，多角度、多侧面、多层次地提问题和探究问题，多动脑，多思考，带着问题学，才能深刻理解，才能有所收获。陶行知把这八个问题比喻为人，聘为"顾问"，誉为"八贤"，既风趣又幽默，既精密又周到。要问，就要问清事情的性质和详细情况，发生的原因，涉及哪些人，事情发展的方向和进展程度，发生和发展阶段的时间，发生和发展阶段的地点，事情的最终结果或者发展趋势、方向，事件有关的数据和数量。把这八个方面问清楚，"笨人"也就不笨了，也不会做错事。

二、学问注重博学善思

何事、何故、何人、何如、何时、何地、何去、几何，这八个要素涵盖了对事物全面而深入的思考维度。"何事"是核心，明确所探讨的具体事件或问题。"何人"指涉参与其中的主体，其角色、身份和行为对事件产生影响；"何故"探寻事件发生的原因，是理解的关键；"何时"和"何地"设定了事件的时空背景，时间和地点的特定性往往决定了事件的性质和发展；"何如""几何"则着重于评估事件的状况、效果和影响；"何去"关注的是未来的走向和可能的发展方向。在实际的思考和分析中，综合考量这八个要素，能够更清晰、全面、准确地把握事物的全貌和本质，做出明智的判断和决策。

"问"的工具是语言，载体是思维，而语言和思维是人特有的。笛卡尔说"我思故我在"，强调了人的怀疑精神和思考习惯的重要性。"问"意味着人的反思反省、求新求异、质疑批判、好奇求知、探究深研等，是高阶思维的外在表现。亚里士多德曾说："思维是从疑问和惊讶开始的。"爱因斯坦认为，提出一个问题，往往比解决一个问题更重要。因循守旧、墨守成规的思维方式是产生不了创新的。人在好奇心和求知欲驱动下，通过质疑问难而诱导和激发创造性思维，所以创造性思维是从问题出发的。创造就是一个发现问题、提出问题、分析问题、解决问题的过程，而首先就是要发现问题。当然，发现问题的前提是要思考。

陶行知创设的这八位顾问，就是要我们学会从多角度、多层次地探求，带着问题去读书，带着思考去发问，才能理解学问内容，提高分析和理解能力。因为

"问"是学的向导,也是思考的起点。有了问题就要动脑去思考,而且还要做到像孔子讲的那样"不耻下问",直到问题解决为止。对学校和教师而言,首先要营造想问、敢问的宽松和民主的教学氛围,学生有"问"的权利和必要,教师应尊重和鼓励学生"问"。其次,要促进教师转变教学方式,从问题提出者转变为问题激发者,促进学生发现和提出问题,使学生由被动地回答问题转变为主动地提出问题,让学生真正做到勤学多问,这样也才会让学问变得有问才有学。最后,要注重培养学生博学善思、慎思的能力,让他们在问中思、思中问,真正去研究学问。

三、学问旨在力学笃行

《八位顾问》的最后一句"若向八贤常请教,虽是笨人不会错",真正体现了"知行合一"的理念。陶行知强调在做学问研究时,要对深层次的内容进行提问。他还提出要"常请教",意思是说在求知过程中,要从头到尾、随时随地地不断思考,或自问自答,反复推敲,或向同学、师长等求教,最终解决问题。学习知识不但要弄清"何事",还要问"何故";不仅要了解"何人",还要问"何如"。做学问的最终目的是读懂读透,弄清学问中的内容,深刻理解学问中的含义,由浅入深,层层深入,并且还要有新的见地,甚至还可以从中发现缺点和错误。这就需要在"问"上下功夫,才能有所收获。反之,求知中不设问、不思考、不动脑、不求甚解、不举一反三,所得的也只能是一些肤浅的东西,得不到书中的真谛。陶行知强调了只有思想和行动相统一,才能笃行致远,真正实现自我提升,发挥自身价值。

陶行知说:"这八贤是我们治学治事不用报酬的常年顾问。"这充分体现出他善于提问、多方思考、求取真知的积极治学态度。

郝汉坪,广元市利州区栖凤小学校长,高级教师,四川省省级培训专家库成员,广元市骨干教师、广元市名教师、广元市优秀教师、广元市利州区小学语文兼职教研员。研究成果获得四川省人民政府教学成果奖2次、省级成果奖7次、市级成果奖15次,公开发表学术论文21篇。

小先生歌[①]

一
我是小学生，
变做小先生。
粉碎那私有知识，
要把时代儿划分。

二
我是小先生，
教书不害耕。
你没有功夫来学，
我教你在牛背上哼。

三
我是小先生，
看见鸟笼头昏。
爱把小鸟放出，
飞向森林投奔。

四
我是小先生，
这样指导学生：
"学会赶快去教人，
教了又来做学生。"

五
我是小先生，
烈焰好比火山喷。
生来不怕碰钉子，
碰了一根化一根。

六
我是小先生，
爱与病魔斗争。
肃清苍蝇与疟蚊，
好叫人间不发瘟。

七
我是小先生，
填平害人坑。
把帝国主义推倒，
活捉妖怪一口吞。

八
我是小先生，
要与众人谋生。
上天无路造条路，
入地无门开扇门。

——二十三年三月十六日

---

① 原载《生活教育》1934年第3期。

小孩子有不可思议的精神力量

邱滋培

"小先生"是特定的时代产物，是陶行知生活教育的实践，是陶行知以教育改造社会的实验，更是陶行知主张"小孩子有不可思议的力量"的生动体现。从知识普及的角度看，从前，"小先生"的发展壮大意味着知识得到广泛普及，预示着知识从少数人走向多数人，是知识的"下嫁"；今天，"小先生"仍然具有普及知识的作用，只是普及不再属于它的核心功能，"小先生"的发展是知识理解运用的个性化、经验化、儿童化的演进结果。从"小先生"本身的角度看，从前，"小先生"是学习者、教人者；今天，"小先生"仍然是学习者、教人者，这一点应该是"小先生"恒久不变的特性。

《小先生歌》是写给小学生的，也是写给我们这些即将踏入社会的"大学生"的。陶行知曾言："百侯师范生、中学生、小学生都做了小先生；小先生第一代的学生也都做了小小先生，总数在千人以上，这是南方普及救国教育的一朵奇花。"[①] "小先生"非指儿童、稚童，只要能够将前进生活、向前生活的知识经验转化成知识教给旁人，就可被称为"小先生"。从陶行知的短诗中，我们可以看到陶行知教育的信念与行动。

第一，"小先生"身上有转化的精神。"我是小学生，变做小先生。"小学生既是学生，也是老师，可以是同辈的老师、长者的老师，还可以是自己的老师。小学生的身份是会转换的，有转换的自觉就有转化的本能。

第二，"小先生"身上有实做实干的精神。"你没有功夫来学，我教你在牛背上哼。"学的功夫不限于学堂、学校，只要有向上心，何处不能学，何处不能进？做

---

① 方明主编《陶行知全集·第11卷》，四川教育出版社，2009，第485页。

一番事，要踏踏实实做、勤勤恳恳做，把基础做实、过程做实、细节做实。这般做事做实的态度，既是学习的态度，也是为人的态度。

第三，"小先生"身上有被爱滋养的自由与活力的精神。"爱把小鸟放出，飞向森林投奔。"陶行知强调，爱是教育的根本，晓庄师范、育才学校的成立与发展和操震球、汪达之等人的成长，都是源于爱的滋养。他们如同被放飞的小鸟，飞向森林，寻求自由与成长。自由地生长不仅是一种精神的舒展，更是精神活力的体现。精神越活跃，人的韧性也就越强。

第四，"小先生"身上展现出了笃学不倦的精神。"学会赶快去教人，教了又来做学生。"这种学与教的循环，正是教师职业的核心，也是教师身份的本质所在。教师必须不断学习，以跟上不断变化的学生和环境，践行"活到老，学到老"的理念。

第五，"小先生"身上有百折不挠的精神。"生来不怕碰钉子，碰了一根化一根。"育人的过程就像精卫填海，需要无数次的坚持和重复。在这个过程中，教师就像那不倦不息的精卫鸟，始终致力于教育事业。面对挫折，教师不应气馁，而应坚持不懈，反复尝试，展现出百折不挠的决心。

第六，"小先生"身上体现了不懈奋斗的精神。"我是小先生，爱与病魔斗争。"这里的"病魔"象征着困难、阻碍和挑战。在陶行知看来，教师必须勇于面对现实，与之斗争。在教育活动中，总是存在着各种制约和挑战，教育工作者需要遵循教育规律，不断地寻找并实践那些能够彰显教育价值的具体方法。

第七，"小先生"身上有志愿服务的精神。"我是小先生，填平害人坑。"教师服务学生的成长，那么，学生有责任和义务为他人的学习进步服务吗？从集体发展的角度而言，集体的进步能带动个人的成长。陶行知提倡过向前向上的生活。我们长期生活在一个集体中，就将受集体的影响，从个人角度出发，为了让环境利于我们的成长和发展，个人有义务和责任为他人提供帮助和服务。

第八，"小先生"身上有积极向上的精神。"上天无路造条路，入地无门开扇门。"这两句鼓励人们在面对挑战时不放弃，积极寻找和创造机会，以实现个人和社会的发展。教师通过自己的行动，教会学生面对困难时不退缩，积极寻找解决方案，勇于尝试新的方法。这种教育方式有助于培养学生的创新思维和解决问题的能力，为他们未来的生活和职业发展打下坚实的基础。

我们的成长需要学习，向先生学习是一条近路，在个人的深思醒悟中学习又是由外而内的学习，何尝不是一条属于自己的经验之路呢？没有这两者的结合便没有学习的提高。学习路上，不光小孩子具有不可思议的力量，每一个学习者皆有不可思议的力量。

邱滋培，书评人、图书策划人，成都市陶行知研究会学术部主任，成都市陶行知研究会学前教育专业委员会秘书长，四川省陶行知研究会理事，中国教育学会会员，上海市写作学会会员，成都市作家协会会员，成都市地方志学会会员。策划编辑图书《爱要大声说出来》获成都市人民政府三等奖，《做心平气和的班主任》获成都市第十八届基础教育优秀教育科研成果一等奖。在《中国社会科学网》《光明网》《生活教育》《学校品牌管理》《四川教育》《教育导报》等报刊发表数篇论文。

自立立人歌[①]

一

滴自己的汗，
吃自己的饭，
自己的事自己干，
靠人靠天靠祖上，
不算是好汉。

二

滴自己的汗，
吃自己的饭，
别人的事帮忙干。
不救苦来不救难，
可算是好汉？

三

滴大众的汗，
吃大众的饭，
大众的事不肯干。
架子摆成老爷样，
可算是好汉？

四

大众滴了汗，
大众得吃饭，
大众的事大众干。
若想一个人包办，
不算是好汉。

---

① 原载《生活教育》1935年第3期。

真正意义的长大

鄢小红

陶行知不仅是一位教育家，更是一位社会改革家。他认为，教育不仅是传授知识，更重要的是培养学生的生活能力和社会责任感。在《自立立人歌》里，他希望学生能够在日常生活中实现自立，成为对社会有用的人。朴实易懂的诗歌蕴含着深刻的道理，表达了一个人在成长历程中，如何达到从自立到自强，从立己到利他再到协作的三个层级，进而完成真正意义的长大。

一、自己的事情自己做——立己

诗歌开篇就强调了"滴自己的汗，吃自己的饭，自己的事自己干"，这几句话直接表达了自立的核心思想。陶行知通过这些简单明了的句子，告诉我们每个人都应该通过自己的努力去获得生活所需，而不是依赖他人。这种自立精神是个人成长和社会进步的重要基石，是让自己独立起来的最重要的外显特征。

当今社会，出现了一些被称为"巨婴"的成人。其中一种"巨婴"不会做饭洗衣，不会做清洁，从小衣来伸手、饭来张口，自理能力很差，缺乏独立生活的能力，一旦脱离了父母，生活就会一团糟。这样的"巨婴"，归根结底是从小没有被培养独立自理的能力，养成了重度依赖父母的思想。另一种隐形的"巨婴"，表现为思想上和精神上的不独立、不自立。他们对自己的事情拿不定主意，想不到办法解决生活中的问题，思想上的惰性很严重，缺乏自立的精神导致产生投机取巧的依赖思想。自己的事情都处理不好，更别谈关心他人的事情。

在孩子的成长早期，就要把自立自强的种子种下去。无论是家庭教育还是学校教育，都要注重培养孩子的自立品质和自强精神。从小事做起，每天坚持。孩子自己能做的事情绝不包办代替，对孩子自己能决定的事情给予充分尊重和支持。培养孩子独立处理个人事务的能力，不依赖他人，使孩子具备自我管理和自我决策的能力。让孩子了解自己的需求、愿望。培养孩子能够合理安排时间和有效管理个人事务的能力。在面对选择时，能够独立思考并做出决定，对自己的行为和决定负责，不逃避责任，保持积极的心态，坦然迎接生活中的压力和挑战。在这些过程中，孩子慢慢地就独立起来，完成最重要最核心的第一层级——立己。

二、别人的事情帮忙做——利他

诗中还讲道"别人的事帮忙干，不救苦来不救难，可算是好汉"，这是一种在自立自强基础上的利他思想与精神，先自立再利他。利他是一种以他人利益为出发点的行为或态度，强调的是无私地帮助他人。在现代社会，关心他人，帮助他人，做力所能及的事情，救人于危难中，助人于困苦中，是公民道德和社会责任的重要组成部分。认识到自己对社会和他人的责任，愿意投入时间和精力，甚至牺牲个人利益，帮助他人，愿意为社会做出贡献，个人也能获得成长和满足感。利他是另一种途径与层级的长大。

三、众人的事情一起做——协作

"大众的事不肯干。架子摆成老爷样，可算是好汉？""大众的事大众干。若想一个人包办，不算是好汉。"陶行知通过这几句诗表达出大众的事情不肯干是一种自私心态，不乐于助人，自私自利，是没有完成成长的第二层级——利他。但是过多地帮助他人，没有边界感，包办代替，又走向了另一个极端，那就剥夺了别人自立自强的机会与权益，也是不对的。最好的方式是众人的事情一起干，团结协作，有个人的责任，也有利他的担当，由个人的自立自强升华为团体的自立自强。团队为了共同的目标或任务一起工作、沟通、协调、共同努力，以实现一个比个人单独工作更有效的结果。尊重每个团队成员的意见和贡献，将协作的成果公平地分享给所有参与者。如果一个人在团队中能协作，那么他就完成了真正意义上的长大成人，他才能算作一个人格健全的、自立自强的社会人。

陶行知的《自立立人歌》通过简洁有力的语言，传达了深刻的教育理念和社会责任感。其与中国传统文化中"天行健,君子以自强不息"的中华民族精神遥相呼应,道出了一个长大的真正含义,不仅激励个人要自立自强,也呼吁整个社会要培养这种精神,从而实现个人和社会的共同进步。

鄢小红,成都天府中学附属小学教师,中小学高级教师,成都市学科带头人,全国传统文化教育先进个人,成都市十佳校本课程教师,成都市未来名师指导教师。曾获优质课评比全国一等奖,主研课题荣获教育部基础教育科研成果三等奖,编著有国学课程读本《汉字文化》。

儿童工歌①

小盘古

我是小盘古，

我不怕吃苦。

我要开辟天地，

看我手中双斧。

小孙文

我是小孙文，

我有革命精神。

我要打倒帝国主义，

像个球儿打滚。

小牛顿

我是小牛顿，

让人说我笨。

我要用我的头脑，

向大自然追问。

小农人

我是小农人，

靠种田生存。

为何劳而不获？

谁是我的仇人？

小工人

我是小工人，

我有双手万能。

我要造福的社会，

不造富的个人。

——二十年春

---

① 原载《儿童生活》1931年第5期，署名梧影。

培养有责任有担当的小公民

张为荃

陶行知先生主张"生活即教育""社会即学校"和"教学做合一"的教育思想,强调教育应当贴近生活实际,服务民众,特别是要重视儿童的全面发展。《儿童工歌》体现了陶行知对儿童教育的教育理念。

《儿童工歌》通过五个角色的故事,向儿童传达了勇敢、革命、探索、勤劳和社会责任感等多重寓意。每一节都借用历史和文化中的著名人物形象,以儿童易于理解的语言,传递深刻的科学价值观。

(1)"小盘古"

盘古是中国神话中开天辟地的人物,这里借用他的形象,鼓励孩子们像盘古一样勇敢、不怕困难,勇于开拓和创造自己的天地。手持双斧的形象昭示着劳动和创造的力量。

(2)"小孙文"

孙文即孙中山,中国近代民主革命的伟大先行者。这里的"小孙文"代表了革命的精神,教育孩子们要有反抗压迫、追求自由和平等的决心。

(3)"小牛顿"

艾萨克·牛顿是著名的物理学家,代表了科学探索和智慧的力量。诗歌中的"小牛顿"即使面对别人的质疑(被人说笨),也要坚持用自己的头脑去探索自然界的奥秘,陶行知以此鼓励孩子们面对困难不放弃,勇于追求知识。

(4)"小农人"

这一节反映了农民辛勤劳动但可能遭遇不公的社会现实。它让孩子们思考为什么付出劳动却不一定能获得相应的回报,引导他们关注社会公平问题,同时也体现了对农民群体的同情和尊重。

（5）"小工人"

这一节强调了工人阶级的勤劳和集体主义精神，认为工人们拥有创造巨大价值的双手，他们的目标是为社会带来福祉，而不是仅为个人积累财富，这也是社会主义劳动观的内涵所在，倡导为集体利益而努力。

《儿童工歌》是一组富有深意和教育价值的诗歌，每一节都以儿童的视角，借用历史人物或神话传说的形象，传达特定时期的社会价值导向和对儿童的期望。整首诗歌通过这些小角色，以通俗易懂、寓教于乐的形式，在弘扬优秀民族文化和认识优秀历史人物中，向儿童传递勇敢、创新、勤奋和公平等积极向上的价值观和社会责任感，旨在启蒙儿童的思想，培养他们成为有社会责任感、勇于探索和实践的时代小公民。作为特定历史时期的产物，这首诗承载着丰富的时代意义与文化价值，在中华民族伟大复兴的新征程中，它依然具有多重价值。

（1）教育启蒙作用

《儿童工歌》通过寓教于乐的方式，向儿童传递了勤劳、勇敢、探索、反抗压迫等正面价值观。例如，"小盘古"激励孩子们不畏艰难、勇于开拓；"小孙文"则教育孩子们要有革命精神，反抗不公。这有助于培养儿童的国家意识和民族责任感，为国家的未来培养有担当的小公民。

（2）传承历史文化

《儿童工歌》融入了中国传统文化元素和近现代历史人物，使得儿童在学习诗歌的同时，也能学习到中华悠久的历史和革命传统知识，增强文化认同感和民族自豪感。

（3）社会批判与觉醒

如"小农人"反映了底层劳动者的生活状态，提出对社会不公的质问，促使儿童思考社会结构与公平问题，为建设更加公正和谐的社会埋下种子。

（4）科学精神的倡导

"小牛顿"鼓励儿童学习科学，勇于探索自然，体现了对科学教育的重视，这对于提升国家整体的科技创新能力和国民的科学素养具有长远意义。

（5）劳动观念的塑造

"小工人"强调工人阶级的重要性和集体主义精神，倡导通过劳动创造社会价值而非个人财富的积累，这对于新时代背景下提倡的工匠精神，以及推动共同富裕、构建社会主义和谐社会具有积极意义。

在中华民族伟大复兴的背景下，《儿童工歌》不仅是历史的回响，也是激励当下、启迪未来的教育资源、文化资源，对鼓励年轻一代铭记历史，继承先辈的优良品质，同时激发创新思维，为实现中华民族伟大复兴贡献力量有着重要价值。

张为荃，中国陶行知研究会理事、四川省陶行知研究会理事、宜宾市高县陶行知研究会副会长兼秘书长。曾获四川省教育厅课程改革成果二等奖、宜宾市教育改革发展成果一等奖。

自勉并勉同志[①]

人生天地间，
各自有秉赋。
为一大事来，
做一大事去。
多少白发翁，
蹉跎悔歧路。
寄语少年人，
莫将少年误。

——十三年三月十五日写于徐州宾馆

[①] 载陶行知：《知行诗歌别集》，上海儿童书局，1935，第34页。

勤学笃行，得偿所愿

邓宗胜　苏绍琼

吴立邦是安徽屯溪隆阜推行平民教育的积极分子，13岁时，他曾写信向陶行知请教、学习、写诗、怎样走好人生路等问题。陶行知特于1924年3月以《徽州土货》给他回信，就"徽州土产"，即徽州古今所出人才和怎样作诗等问题谈了自己的意见，最后附上了《自勉并勉同志》这样一首诗。陶行知意在勉励吴立邦，同时也是自勉。诗中不仅抒发了陶行知对人生价值和目标的深刻感悟，也体现了他对于教育事业的执着追求和崇高理想。至今读来，仍觉字字珠玑、拳拳赤诚，并随着时代的发展而富有新意。诗歌语言整齐、押韵，并使用了"反复"修辞法，强化了感情，使得"勉"的主题更为突出。诗歌思想性强，通俗易懂，意味深长，以信息量大、概括性强为特征成为明白晓畅的大众诗，也是作者诗歌代表性作品之一。

天地之间独此身，各具风姿亦不同。人生是具有多样性的，我们应该让花是花，让草是草，让树是树。"人生天地间，各自有秉赋"，这不仅意味着每个人的人生是不同的，也意味着每个人的人生有多种可能。人应始终坚信"我"是独特的，"天生我材必有用"。我们不必因为他人的成功而否定自己，也不能因为与自己目标不同而否定他人。得天下英才而育之是每个教育者的梦想，但更"愿天下人皆成英才"。作为教育者应该意识到每个孩子都是不同的，各自擅长不同，成才的路径不同，培养方法也应不同，还应当充分认识到每个学生的个性和潜能，尊重他们的差异，挖掘最适合学情的教学方式，针对不同的孩子设定不同的目标，为他们提供个性化的教育。只有这样，我们才能真正实现因材施教，帮助每个学生找到自己的发展方向，实现自我价值。

早立鸿鹄之远志，笃行为国之大事。人要有明确的目标和远大的理想，并以此作为奋斗的动力。无论是如米小的苔，还是遒劲的松，在自然环境中都竭力展现自己。"为一大事来，做一大事去"，陶行知想表达的是人总要找到来世一遭的意义，也许不是每个人都能成为国之栋梁，但即便我们力量如米小，也应散发米粒之光；也许我们不能成为直接影响国家命运的那个人，但国家的发展缺不了千千万万的"我"。司其职，行其事，自强不息、奋发有为。正所谓不在乎做出了多大的实质贡献，而在乎是否发自内心，真正付诸实践。作为一名教师，肩负着培养国家栋梁之材的重任，需要时刻铭记自己的使命，不断努力提升自己的教育教学能力，为学生的成长和国家的繁荣做出自己的贡献。同时，我们也要引导学生树立正确的价值观和人生观，让他们明白自己的责任和使命，为实现中华民族伟大复兴而努力奋斗。

　　黑发不知勤学早，白首方悔读书迟。人若想实现远大的理想，必须把握好当下。"多少白发翁，蹉跎悔歧路"，其寄语少年人，不要虚度光阴，要珍惜青春，追求有意义的人生目标。那些虚度光阴、一事无成的人在人生暮年回首往事时，只能悔恨不已。广大青年学子要珍惜自己的青春时光，要勇于追求自己的理想与目标，把青春理想融入新时代的伟大实践中。当前，青年学子们最重要的就是在求学路上勤勉努力，博学慎思。作为教育家的陶行知先生，以自己的经历和人生感悟，去思考个人命运、社会责任并以此劝诫当代青年。而作为教师，我们要珍惜与学生的相处时光，用心倾听他们的心声，关注他们的成长；要用自己的智慧和爱心去引导他们走向正确的道路，避免他们走弯路、走错路。同时，教师也要时刻警醒自己，不要虚度光阴，要珍惜每一分每一秒，为实现自己的教育梦想而努力奋斗。再读《自勉并勉同志》，深感职业院校教师的责任和使命重大。要以陶行知先生为榜样，不断提升自己的教育教学能力和品德修养，助力学生立德立言立行，让所有学生人人皆可成才、个个皆能出彩。

邓宗胜，高级讲师，达州市骨干教师。四川省中华职教社会员，四川省职业教育语文教研中心组成员，中职学校语文课教师培训者团队成员。先后指导教师参加省级及以上赛课并获指导教师奖，在省级及以上刊物发表或交流论文 20 余篇，参与编写教材（辅）15 本（套），获国家、省、市教学成果奖 3 项，其他优秀科研成果奖 12 项。

苏绍琼，四川省宣汉职业中专学校讲师。获四川省教学成果奖 1 项，省、市级教育科研成果奖 3 项，参加教学能力大赛获市级奖励 3 项。

工学团[①]

工以养生，
学以明生，
团以保生。

——三十二年十月一日

[①] 原载《生活教育》1934年创刊号。

影响深远的普及教育组织形式

尹建羽

陶行知先生作为中国现代教育史上的杰出人物,其教育思想与实践在中国乃至世界教育史上留下了深刻的印记。其中,山海工学团作为他教育理念的具体实践载体,通过"工以养生,学以明生,团以保生"的理念,以及独特的"小先生制"和"六个普遍训练",展现了其教育改革的深远影响。

一、"工以养生,学以明生,团以保生"

"工以养生,学以明生,团以保生"实质上是山海工学团的办学宗旨,这一办学宗旨深刻地体现了陶行知先生对教育与生活、劳动、社会紧密结合的独到见解,是陶行知先生"生活即教育"理论的重要组成部分。

(一)工以养生:劳动的价值与生活的根基

"工以养生",这一命题直接点明了劳动对于个体生存与发展的基础性作用。在陶行知看来,教育不应是脱离生活的象牙塔,而应是与日常生活紧密相连的实践过程。通过参与各种形式的劳动,学生们不仅能够学会基本的生存技能,更重要的是,他们能在劳动中体验到生活的艰辛与美好,理解到每一份收获都是辛勤付出的结果。这种"工"不仅仅是为了满足物质生活的需要,更是为了培养学生们勤劳节俭、自立自强的精神品质,从而在根本上实现"养生",即身心的健康与成长。

(二)学以明生:知识的力量与人生的启迪

"学以明生",强调了学习对于个体认识世界、理解生命、指导行动的重要性。陶行知认为,学习不仅仅是知识的积累,更是智慧的启迪和人格的塑造。在山海工学团中,学生们通过系统学习和实践,不仅能够掌握科学文化知识,更重要的是能够学会思考、判断和决策，形成正确的世界观、人生观和价值观。这种"学"旨在引导学生们以更加开阔的视野和深邃的思考去认识生命的意义和价值，从而在复杂多变的社会生活中找到自己的方向和定位，实现"明生"，即明智而有意义地生活。

（三）团以保生：集体的力量与社会的责任

"团以保生"，揭示了集体生活对于个体成长和社会适应的不可或缺性。陶行知强调，人是社会性动物，个体的成长与发展离不开集体的支持与保护。在山海工学团中，学生们通过参与各种集体活动和社会实践，学会了团队合作、沟通协调和承担责任等社会技能。这种"团"不仅为学生们提供了一个相互学习、相互帮助的平台，更让他们在实践中感受到集体的力量和温暖，从而更加坚定地走向社会、服务社会。在这个过程中，"保生"不仅意味着保护个体的生命安全和身心健康，更意味着保护社会的和谐稳定与持续发展。

二、"小先生制"

"小先生制"是陶行知先生在普及教育实践过程中依据"即知即传人"的原则而创立的一种教育组织形式和教育方法。这一组织形式与教育方法打破了传统教育中"长者为师"的观念，倡导"知者为师、能者为师"，以知识和能力掌握的先后为标准，而与年龄的长幼没有必然联系。在山海工学团中，"小先生制"得到了广泛应用。一些孩子在掌握了一定知识后，便承担起教导他人的责任，形成了学生教学生、小孩教大人的连环教学模式。这种教育模式不仅有效缓解了当时教育师资匮乏的问题，还激发了学生们的学习兴趣和责任感，培养了他们的领导能力和团队合作精神。

三、"六个普遍训练"

为了实现山海工学团的办学宗旨，陶行知先生提出了"六个普遍训练"，即普遍的军事训练、生产训练、科学训练、识字训练、民权训练和生育训练。

（一）普遍的军事训练

军事训练是培养学生国防意识和爱国主义精神的重要途径。通过军事训练，学生可以掌握基本的军事技能和战术知识，增强自身的身体素质和意志品质。同时，军事训练还可以帮助学生树立正确的国家观念和民族意识，培养他们的爱国情怀和责任感。

（二）普遍的生产训练

生产训练则是培养学生劳动意识和劳动技能的重要方式。通过生产训练，学生可以掌握基本的生产知识和技能，提高自身的实践能力和创造力。生产训练还可以帮助学生理解劳动的意义和价值，培养他们的勤劳精神和创业意识。

（三）普遍的科学训练

科学训练是提高学生科学素养和创新能力的重要手段。通过科学训练，学生可以掌握基本的科学知识和技能，提高自身的观察能力、实验能力和分析能力。科学训练还可以帮助学生形成科学的思维方式和世界观，培养他们的科学精神和创新能力。

（四）普遍的识字训练

识字训练是消除文盲现象和提高全民文化素养的重要措施之一。通过识字训练，学生可以掌握基本的识字方法和技巧，提高自身的阅读能力和写作能力。识字训练还可以帮助学生更好地理解和接受其他方面的教育，促进他们的全面发展。

（五）普遍的民权训练

民权训练是培养学生民主意识和参与社会事务能力的重要途径之一。民权训练的目的是帮助学生了解民主的基本原则，同时还可以帮助学生树立正确的公民意识和法律意识，培养他们的社会责任感和参与意识。

（六）普遍的生育训练

生育训练是培养学生科学人口观念和生殖健康意识的重要途径之一。生育训练的目的是帮助学生了解生育的基本知识和技能，同时还可以帮助学生树立正确的家庭观念和生育观念，促进社会的可持续发展。

这六大训练相互关联、相互促进，共同构成了山海工学团独特的教育体系。在这一体系中，学生们不仅学会了知识和技能，还养成了优良品德和素质，为未来的生活和发展奠定了坚实的基础。

四、结束语

陶行知先生的山海工学团理念及其"小先生制"和"六个普遍训练"是中国现代教育史上的宝贵财富。它们不仅在当时的社会背景下具有深远的影响，而且对今天的教育改革仍具有重要的启示意义。我们应该继承和发扬陶行知先生的教育思想和实践精神，为培养更多德智体美劳全面发展的社会主义建设者和接班人而不懈努力。

尹建羽，中国陶行知研究会中学教育专业委员会副秘书长兼"行知工学团"项目负责人，四川省陶行知研究会常务理事，四川省陶行知研究会工学团专业委员会副理事长兼秘书长。率团队研发的青少年综合素质提升课程、特殊学生群体综合素质提升课程、问题少年成长指导课程等，走进百余所中小学校及大专院校。

长青不老歌[1]

博爱存心,和光映面。
不惑不忧,不惧不恋。

偶萌烦恼,念梅百遍。
不急不息,法天行健。

学而不厌,诲人不倦。
服务最乐,手不释卷。

思想青春,何可不变。
愿师少年,立在前线。

——三十三年四月二十日

---

[1] 载方明主编《陶行知全集·第7卷》,四川教育出版社,2009,第820页。

教师如何永葆青春

唐元　王承鳌

《长青不老歌》的初版被记录在陶行知致信爱妻《如何把青春留住》一文中。如先生在文中言："全篇只有一个意思：如何把青春留住。反面的说明更为清楚。恨则易老，怒则易老，惑则易老，忧则易老，惧则易老，恋则易老，厌学则易老，教倦则易老，没有工作称心则易老，不看有益之书则易老，不跟少年学则易老，不站在前线而自甘落伍则更易老。"1944年，陶行知将此诗手书赠予范尧峰时，对诗歌内容进行了修改。首先，增加了第二节内容；其次，将第三节第三句"服务等一"改为"服务最乐"；最后，将第四节第四句"站在前线"改为"立在前线"。

全诗四节表达了不同的主题和思想。第一节表达"博爱与和谐"。"博爱存心，和光映面"强调了内心的博爱和外在的和谐，"博爱"意味着对所有人充满爱心和关怀，而"和光"则象征着和谐与光明，希望人们能够以积极的态度面对生活中的各种情况。"不惑不忧，不惧不恋"进一步描述了人不为世俗烦恼所困扰的理想生活状态，同时也不畏惧任何困难、不留恋过去的事物。第二节表达"内心的平静与自我修养"。梅花象征着坚韧和高洁，"偶萌烦恼，念梅百遍"建议当偶尔感到烦恼时，可以通过反复思考梅花来达到内心的平静。"不急不息，法天行健"引用了"天行健，君子以自强不息"的理念，强调了刚健有力、不断进取的精神。天道运行，刚健不息，君子应当效法这种精神，不懈努力，追求自我完善。第三节表达"学习与教育"。"学而不厌，诲人不倦"是孔子经典语录之一，意在表达一种终身学习的态度和乐于教诲的精神，无论何时何地，都应保持对知识的渴望，并且耐心地教导他人。"服务最乐，手不释卷"表达了对教育工作的热爱和投入，教师通过不断学习和教学来实现自我价值，服务学生是最大的快乐，而"手不释卷"则形容了勤奋好学的精神。第四节表达"青春与奋斗"。"思想青春，何可不变"提醒我们，即使年纪增长，也要保持年轻的心态和活力，不断变化和进步。"愿师少年，立在前线"表达了对年轻教师的期望，希望他们能够在教育事业中保持激情和活力，始终站在教育的第一线。从整体来看，这首充满深层哲理和人生感悟情怀的"陶诗"，不仅是对春光无限的青春赞美，更展现了当代教师立志教业的信仰定力、终身学习进取的生命活力，是一种超越时空的时代呼唤与殷切期待。

想要读懂这首充满人生智慧的诗歌，必须懂得其核心思想，即只有不断学习工作，保持生命活力，才能抵抗岁月的侵蚀，实现青春精神的永驻。但在一线教师队伍里，"50岁现象"比较突出。很多教师一旦过了50岁，人未老，心先老，总认为年龄大了，应该歇着了，应该"退居二线"了。甚至一些青年教师也提前进入职业倦怠期，职业成就感缺失，"躺平"思想严重。究竟是什么原因让这些教师这么快就"老"了呢？如果是由于面对市场经济重利轻义而产生的精神困惑，由于缺失培根铸魂的育人担当，那么我们就有愧于"人类灵魂工程师"的荣称了。

因此，我们首先要守正精神，不辱使命。陶行知一生"甘当骆驼""爱满天下""捧着一颗心来，不带半根草去"，始终充满活力，为教育救国、教育强国奋斗到生命最后时刻，恰如有首歌唱的那样"革命人永远是年轻"。人无精神则不立，国无精神则不强。要拥有不计个人得失，淡泊名利，"仁者不忧，智者不惑，勇者不惧，达者不恋"的"博爱"情怀。要积极追求教育的幸福，掌握自我保健知识和心理调节方法，保持淡泊的心态，不因世事变迁和物欲横流而辜负教育的美好。中国特有的教育家精神是深化新时代教师队伍建设的价值映照，广大教师可以引为镜鉴、观照自身，不断汲取成长力量。

其次，要勤学不辍，躬耕教坛。如陶先生所说："大家活到老学到老，才能保证整个民族继续不断之进步。"他总将自己与祖国命运连在一起，总是站在斗争第一线，总和青年在一起，下地耕种，同台演戏，收信即复，童心永存，活力不止，自然会长青不老。这便是陶行知永葆青春的秘诀。今天，新时代教师也要"学而不厌""手不释卷""愿师少年""立在前线"，在"诲人不倦"中闪烁青春，在三尺讲台书写"人生教案",以一腔热血丈量"树人长征",努力成为能够以一己之力影响一方的"教育大家"。

一只毛毛虫知道,在它的身体里面,藏着一只美丽的蝴蝶;一粒种子知道,在它的身体里面,藏着一棵挺拔的大树;而我们知道,在我们的身体里面,藏着一个更年轻的自己。奋斗者正青春,躬耕教坛,强国有我。

唐元,重庆人文科技学院艺术学院党总支书记兼副院长,重庆市合川区文艺评论家协会副主席。主持(参加)省部级课题5项,发表论文多篇。

王承鳌,重庆工商大学研究员。在《中国教育学刊》《生活教育》《中国科学报》《中国教育报》等报纸杂志上发表论文30余篇,主编《陶行知教育学新论》试用教材5本,其陶行知研究立项实验科研课题成果获中国陶行知研究会优秀研究成果二等奖和广东省教育厅优秀研究成果三等奖,个人被中国陶行知研究会授予"全国优秀陶研工作者"称号。

纪念牛顿与加利略[1]

中国要牛顿,也要加利略。
他们已经死,不能再复活。
除非赶上去,跟着他们学。
学牛顿深思,学加翁实做。
播下科学种,结成智慧果;
吃了变牛顿,又变加利略。
从此两大贤,化身千万个;
光明普照处,精神永远活。

——作于牛顿三百周年诞辰之前夜

---

[1] 载方明主编《陶行知全集·第7卷》,四川教育出版社,2009,第792页。

科学之光，精神永续

郑霖

阅读陶行知先生的《纪念牛顿与加利略》这首诗，不由得被其深邃的内涵和激昂的情感打动。这首诗是对牛顿和伽利略这两位伟大科学家的纪念，是对两位科学巨匠的致敬，更是对科学精神在中国土地上生根发芽、开花结果的期望和呼唤。诗字里行间充盈着陶行知先生对科学精神的崇敬与追求，以及他对中国未来科学发展的殷切期望。

一、缅怀与需求，表达对科学的渴望

"中国要牛顿，也要加利略。"诗开篇即点明了主题。陶行知先生以坚定的语气表达了中国对科学进步的渴望。在那个时代，面对西方科技的迅猛发展，陶行知先生深知中国需要这样的科学巨匠来引领国家的科技进步，推动社会的文明进程。牛顿和伽利略作为科学史上的巨匠，他们的贡献不仅在于其总结的科学定律和理论，更在于其科学精神和探索精神。这种精神是推动科学不断前进的动力，也是我们应该学习和传承的。陶行知先生所表达的对科学的渴望，不仅仅是对知识的追求，更是对国家命运、民族未来的深切关怀。

二、现实与追思，努力追求科学真理

"他们已经死，不能再复活。除非赶上去，跟着他们学。"这两句诗，既是对历史事实的陈述，也是对现实的深刻反思。诗歌直抒胸臆，表达了对逝去伟人的怀念和敬仰，两位伟大的科学家虽然已经离开我们，但他们的科学精神和成就却永载史册，激励着后人不断前行。我们可以通过学习他们的科学精神和方法，来继续推动科学的进步。所以陶行知先生鼓励我们要"赶上去"，意味着我们不能仅仅停留在对前人成就的敬仰上，更要通过努力学习、实践创新，去追赶并超越他们，让科学之光在中华大地上更加璀璨夺目。

三、行动与学习，勇于实践敢于探索

"学牛顿深思，学加翁实做。"这是陶行知先生对科学学习方法的高度概括。牛顿的深思熟虑，代表着理论研究的严谨与深入；伽利略的实做精神，则体现了科学实验的重要性。陶行知先生告诫我们，在科学的道路上，既要有深厚的理论基础，又要有勇于实践、敢于探索的勇气。我们要学习牛顿的深思和伽利略的实践，深入思考，才能发现问题的本质；实践探索，才能验证理论的正确性。只有这样，我们才能在科学的海洋中乘风破浪，不断前行。

四、传承与愿景，让科学精神永续

"播下科学种，结成智慧果；吃了变牛顿，又变加利略。"不得不佩服这句诗丰富的诗意与想象力，其形象地描绘了科学知识的传承与创新的过程。这句话用生动的比喻描绘了科学研究的过程。科学就像一颗种子，需要我们用心去播种、培育。只有经过辛勤的耕耘，才能结出丰硕的果实。这个果实就是智慧，是我们通过科学研究获得的宝贵财富。我们可以不断提升自己的能力和智慧，成为像牛顿和伽利略一样伟大的人。陶行知先生希望我们能够像播种一样，将科学知识播撒在每个人的心田，让它在实践中生根发芽，最终结出智慧的果实。而这些果实，又将成为新的种子，继续播撒、生长，培养出更多的牛顿和伽利略，让科学精神在中国大地上生生不息、代代相传。

"从此两大贤，化身千万个；光明普照处，精神永远活。"这是陶行知先生对科学精神永恒价值的肯定，总结了全诗的主旨。他相信，随着科学知识的普及和科学精神的深入人心，牛顿和伽利略这样的科学巨匠将不再是孤立的存在，而是化身为千千万万个追求真理、勇于探索的科学家和学者。他们的精神将如同光明一般普照大地，激励着人们不断追求科学真理，推动社会不断进步。

《纪念牛顿与加利略》这首诗不仅是对科学巨匠的致敬之作和对科学精神的

颂歌，更是对中国科学事业发展的期望和呼唤。科学精神不仅是我们追求真理的动力，更是我们实现国家富强、民族振兴的基石。它激励我们每一个人都要以科学的态度去认识世界、改造世界，以科学的精神去追求真理、实现价值。让我们在陶行知先生的指引下，在科学方面赶上去，跟着伟大的科学家学习，传承科学家精神，不懈追求科学真理，为中国的科技进步，为实现中华民族伟大复兴的中国梦贡献自己的力量！

郑霖，重庆师范大学附属实验小学校校长，中学高级教师，重庆市骨干教师，重庆师范大学硕士研究生导师，重庆市中小学校长市级培训首批专家库成员，中国教育学会首批特约观察员，重庆市教育学会小学教育专委会副秘书长，重庆市青年社会组织服务成长导师。2020年获评"中国好校长"。著有《顺性小记》，主编《教育教学与管理》等。

下篇

导 语

2014年，习近平总书记在同北京师范大学师生代表座谈时指出："好老师还应该是智慧型的老师，具备学习、处世、生活、育人的智慧，既授人以鱼，又授人以渔，能够在各个方面给学生以帮助和指导。"教师专业能力是教师在教育教学专业活动中的个性心理品质的特有表现与运用，不仅影响教师教育教学活动的效率以及活动任务的顺利实现，而且是教师专业发展的重要内容之一。本篇精选陶行知《假使我重新做一个小孩》《手脑相长歌》《活的教育》《儿子教学做之四个阶段》《生命》《人的身体》《少年》《闹意见》《自动学校小影》《工师歌》《问老妈子》《爱》《结婚证词》13首诗歌，涉及教学语言、班级管理与教育活动、家校社协同与合作、反思与发展等范畴。重温先生的诗歌，新时代教师需要进一步把握生活教育的真谛，从儿童视角看儿童生长，让生命回到教育主场，提高心理健康教育能力，加强校家社协同，全面落实五育并举，推动融合教育。

假使我重新做一个小孩[1]

假使我重新做一个小孩，

我要实行三到：

眼到，心到，手到。

我要问，虚心的问，问清楚：

问古，问今，问未来；问天，问人，问万物。

我要孝顺父母，为父母做事。

我要每天背一段好文章。

我要每天背一段外国文。

我要帮助老百姓。

我要注意身体，康健第一。我决不为争取第一而伤身体。

我要立志做小事，立志做大事。

我要学人的长处，不学人的短处，要拜七十二行做先生。

我要养成好习惯，特别是好学的习惯。

我要多玩玩。

我要亲近万物，大自然，大社会，运用公园，山林……

——三十四年四月二十二日

---

[1] 载方明主编《陶行知全集·第7卷》，四川教育出版社，2009，第875页。

从儿童视角看儿童生长

毛道生

《假使我重新做一个小孩》一诗是陶行知先生的夫人吴树琴女士从陶行知先生的日记本中抄录而来，该诗和《小孩不小歌》《师范生的第二变——变个小孩子》《小孩子有不可思议的力量》《创造的儿童教育》等诗文一起，集中又充分地体现了陶行知先生的儿童观。诗中，陶行知以儿童的视角，用儿童的口吻去表达他对儿童生长的呼吁与期待，所以每句诗都是以"我要"为开头。也正因为如此，各诗句之间显得思维跳跃，颇有儿童表达时所具有的"想到哪里说哪里"的特点，生动而有趣，质朴而真实。我们这里从教育学的逻辑，从生长的目标、内容、方法与途径四个维度去做梳理、解读和认同。

一、生长目标上注重为民而做大事

生长为什么样的人，始终是儿童生长的核心话题，这与"为谁培养人"息息相关。在本诗中，陶行知先生以儿童的口吻来表达儿童的志向，即"我要帮助老百姓"和"我要立志做小事，立志做大事"，表面上看来并不高远，但意蕴深远。"小事"与"大事"是相互依存而又彼此促进的。"大事"是"小事"的方向和动力，身边、眼前的"小事"是"大事"的积累，应积小胜为大胜，积跬步而至千里。那么，什么是"大事"？陶行知先生没有用"国家""民族""人民"等宏大字眼，而是用儿童所能感知的"老百姓"来表达，即"我要帮助老百姓"。对于儿童而言，能有为农人"烧心香"的人生观和价值观，实属不易。这些都充分体现了陶行知先生爱民亲民的情怀、行知合一的思想、求真务实的作风。

二、生长内容上注重全面而举五育

明确了人生目标,就该思考要实现这些目标对人的素养的要求,即生长内容,回答"培养什么人"。陶行知历来注重德行修养,认为"道德是做人的根本。根本一坏,纵然你有一些学问和本领,也尤甚用处"[1]。对于儿童而言,没有"道德"一词的概念,但熟知中华传统美德中的核心——孝道,因此表达为"我要孝顺父母,为父母做事"。储蓄足够的知识,实现"求大智",这是生长的重要养分。为此,"我要每天背一段好文章""我要每天背一段外国文"。这既凸显了陶行知先生对知识积累的重视,又体现了陶行知先生倡导中西文化并重和融通的知识观。有着"我们深信健康是生活的出发点,也就是教育的出发点"[2]信条的陶行知先生,强调"我要注意身体,康健第一。我决不为争取第一而伤身体"。陶行知先生的这些主张,与当下强调"培养德智体美劳全面发展的社会主义建设者和接班人"的目标是高度一致的。

三、生长方法上注重多样而好学习

明晰了生长的目标和内容,就应回答怎样达成的问题,即"怎样培养人"。陶行知先生强调要"手脑并用""手脑相长"和"在劳力上劳心"等,因此提出"我要实行三到:眼到,心到,手到"。在学习方法上,陶行知强调以问促学、以问启智、以问创新,认为"发明千千万,起点是一问"[3],所以"我要问,虚心的问,问清楚:问古,问今,问未来;问天,问人,问万物"。这与当下所强调的探究学习、自主学习等学习方式是一致的。在学习对象上,陶行知先生按照孔子所言的"三人行,必有我师焉;择其善者而从之,其不善者而改之"的主张,提出"我要学人的长处,不学人的短处,要拜七十二行做先生"。这既表明了人人皆可学,也表明了要学人之所长、之所好。陶行知强调养成良好习惯的重要性,主张"我要

---

[1] 陶行知:《陶行知教育箴言》,哈尔滨出版社,2011,第80页。

[2] 同上书,第84页。

[3] 方明主编《陶行知全集·第7卷》,四川教育出版社,2009,第49页。

养成好习惯，特别是好学的习惯"。儿童期是养成良好习惯的关键期，不容错过。

四、生长途径上注重生活而强体验

人在哪生长？对此首先要回答生长的途径及土壤问题。学校是儿童生长的主要场所，但人的生长是多维度、多渠道、多平台的，家庭、社会、自然、学校等，都是儿童生长的地方。生活无处不在，教育无所不在，学习无所不在，处处皆可学。所以陶行知先生为学生代言说："我要亲近万物，大自然，大社会，运用公园，山林……"这就表明了学习场域的广泛性，处处留心皆学问。"我要多玩玩"，这是儿童身心特点所决定的学习方式——具身学习，在身体与情绪的深度参与和沉浸体验中进行探究式学习，并在藏息相辅的教学安排中调适身心和情绪。陶行知先生主张走出学校走进生活、跳出书本跳入社会，这与当下新课程教育理念是一致的。新课程倡导"做中学""用中学""创中学"等学习方式，强调"加强知识学习与学生经验、现实生活、社会实践之间的联系，注重真实情境的创设，增强学生认识真实世界、解决真实问题的能力"[①]，因为大自然就是最生动的教材，大社会就是最广阔的课堂。

毛道生，成都市石室中学党委副书记、校长，教育学博士，正高级教师，成都市陶行知研究会副会长，四川省学术和技术带头人，四川省中小学名校长，成都市特级教师，入选教育部新时代中小学名师名校长培养计划（2022—2025）。

---

① 中华人民共和国教育部：《义务教育课程方案（2022年版）》，北京师范大学出版社，2022，第14页。

手脑相长歌[1]

人生两个宝，

双手与大脑。

用脑不用手，

快要被打倒！

用手不用脑，

饭也吃不饱。

手脑都会用，

才算是开天辟地的大好佬。

---

[1] 原载《教育周刊》1932 年第 137 期。

行知教育的目标与途径

陆小平

《手脑相长歌》首次出现在1932年9月20日陶行知发表于《消息》上的文章《从教育上谋国难的出路——手脑并用》中，文末有3首诗，《手脑相长歌》是其中第3首。1932年11月28日，福建教育厅《教育周刊》第137期发表了陶行知在国立暨南大学教育学系的演讲《目前中国教育的两条路线：教劳心者劳力，教劳力者劳心》，文末用此诗引导大家手脑并用。被誉为"中国现代语言学之父""中国现代音乐学之先驱"的赵元任先生曾为《手脑相长歌》谱曲，歌词朗朗上口，曲调明快响亮。陶行知先生这首脍炙人口的《手脑相长歌》，道出了手脑统一的重要性，体现了知行合一的教育思想。这首歌曲及其背后的教育理念，对当时及后世的教育改革产生了深远影响。手脑并用是陶行知生活教育理论的具体目标之一，也是陶行知先生实施行知教育的主要路径。

一、教育的最大问题是手脑分离

陶行知先生将"手脑并用"作为从教育上谋国难的出路，回答了"教育为何"的问题。针对当时中国社会的"软手软脚病"和"笨头笨脑病"两大病的病因——手脑分离，他开出两副药，一是针对旧知识分子"呆头呆脑"的"脑化手"，二是针对农人和工人"粗手粗脚"的"手化脑"。他认为，一个人要有贡献于社会，一定要手与脑缔结大同盟，中国教育革命的对策是使手脑结成联盟，这样手与脑的力量都可以大到不可思议。

现在，"双减"政策出台的背景是我国中小学生学业负担过重，动手实践机会少。学生在学习中"用脑"多，"纸上谈兵终觉浅"，停留在"纸上"的多，"绝知此事要躬行"的"躬行"者极少，其主要表现为"动脑负担重，动手负担轻；左脑负担重,右脑负担轻;记忆负担重,思维负担轻;作业负担重,活动负担轻"。负担不均,贻害无穷。概括起来最主要的问题一是动脑有余、动手不足;二是手脑分离,动手不动脑,动脑不动手。正如陶行知先生讲的"教用脑的人不用手,不教用手的人用脑,所以一无所能"。

二、教育的目标是培养手脑并用的人

陶行知曾说:"劳动教育的目的,在谋手脑相长,以增进自立之能力,获得事物之真知及了解劳动者之甘苦。"因而,陶行知将教育与生产劳动、社会生活密切联系起来,以彻底改造这种教育,从而培养造就手脑并用的一代新人。

培养什么人,是教育必须回答的问题。新时代,党的教育方针明确了我们要培养"德智体美劳全面发展的社会主义建设者和接班人"。创新精神与实践能力是学生核心素养的主要内容,要求我们培养的人能够手脑协调、手脑并用。新一轮基础教育课程改革明确了培养"有理想、有本领、有担当"的时代新人的目标,在各学科课程标准的核心素养中也明确了学以致用和用以致学的要求。简而言之,只有手和脑的有机结合,才能创造出更多的价值,才能实现个人的全面发展。

三、教育的改革途径是让人手脑相长

"行是知之始,知是行之成。"陶行知曾说:"行动是老子,知识是儿子,创造是孙子。"不管是获取知识,还是进行创造,前提都必须行动,在实践中求得知识,然后进行创造。手脑并用就是要让个人为社会而生、让社会为个人而立;就是要创造为生利、生利才创造。"现在的教育者要把他们的头脑灌输成科学化,使他们为自己创造,为社会创造,为国家创造,为民族创造。更要把他们的一双手解放开来,使他们为自己生利,为社会生利,为国家生利,为民族生利,这才是对的。"[①]

创造的关键在于"手脑并用""手脑相长"。苏霍姆林斯基说过,儿童的智慧

[①] 胡晓风等主编《陶行知教育文集》,四川教育出版社,2007,第317页。

在他的手指尖上，核心是"手脑相长"，即手和脑的协调使用。陶行知认为，人类与其他动物的分化在于手的分离与脑的发达。教育应当注重手脑并用，让学生在实践中学习，通过丰富的体验获得知识，从而更好地掌握和应用知识。手和脑之间有着千丝万缕的联系，手使脑更加明智，脑使手变成用于创造的、聪明的工具。

人的思维和想象靠大脑，人的行动和技能靠双手，学会在动手中动脑、在动脑中动手，手脑并用，才能创造。《中华人民共和国教育法》第五条明确指出，"教育必须为社会主义现代化建设服务、为人民服务，必须与生产劳动和社会实践相结合"。教育与生产劳动和社会实践相结合是实现培养目标的根本途径，是课程改革的方向与重点，跨学科项目式学习的关键也是为了让学生"手脑并用""手脑相长"。做事与创造，是实现读书与实践结合、手脑并用的关键，要在做事和创造中学会学习和做人。

陆小平，正高级教师，遂宁市河东新区朝阳路小学校党支部书记、校长，四川省陶行知研究会副秘书长。教育部基础教育司基础教育精品课程评审专家，2014—2020度"一师一优课、一课一名师"活动"优课"评审专家。四川省第三批新时代卓越校长遂宁市第四届名校长，四川智慧教育示范学校评估标准项目专家，四川省中小学教学名师。

活的教育①

静默如地下的种子。
自由如空中的鸽子。
猛勇如斗虎的狮子。

——二十一年夏

---

① 载陶行知：《知行诗歌集》，上海儿童书局，1933，第139页。

把握生活教育的真谛

李军

陶行知，我国近现代最伟大、最杰出的教育家之一。他的诸多教育主张，至今仍有旺盛的生命力，影响着一代又一代的教育人。就"活的教育"这一主题，1921年暑期，陶行知在金陵大学的演讲中用《活的教育》这首小诗进行了形象的概括。小诗虽短，但富含哲理和教育智慧。

其一，在陶行知看来，"活的教育"就是要让教育与生活紧密结合，让学生在生活中学习，在学习中培养学生的实践能力和创造力。诗里的几个词语，在这里都有其独特的含义。"种子"意味着未来和希望，是有无限多种可能的存在；"空中"写出了空间的大，象征着广阔、辽远；"斗虎"则是一种勇敢的行为，是不畏艰辛、勇往直前的精神写照。在这里，他以形象化的比喻，将"活的教育"的深刻内涵深入浅出地予以说明，让人震撼。而这些形象化的比喻，也正是他对教育规律的揭示。学校教育应该是生动的、有趣的，是能够激发学生的学习兴趣和积极性的，同时也应该是灵活的、广阔的，能够根据学生的不同特点和需求，启发学生思维，体现因材施教的特点的。

其二，有必要对"自由"一词进行说明。自由通常是指在法律规定的范围内，随自己意志活动的权利。切不可像部分人那样，认为自由的定义就是"随心所欲"。1931年4月15日，陶行知以"自由诗人"署名，在《师范生》创刊号发表题为《春天不是读书天》的诗一首，似乎要改写古训。但是，细心体悟则不难发现，他正是用这样正话反说的方式希望引起人们注意，并在这个过程中，帮助人认清读书、考试、学习、教育之间的差别与关联。陶行知不是让孩子不读书，而是认为孩子的成长之计不能囿于书本、课堂教学和考试，要在这个最适合亲近自然的季节到自然中去多读些"活书"，不仅要让孩子获取书本上的闻知，还要在大自然中获得亲知。"接知如接枝",孩子才能将亲知、闻知、说知融会贯通生成聪明的大脑,拥有健康的体魄和一个有趣的健全的灵魂,从而真正享受到教育之无穷的乐趣。

其三,陶行知倡导"活的教育",其精髓正如他在《新旧时代之学生》中所主张的:"用活书,活用书,用书活。"教育缺少了"活"的元素,哪里还有半分乐趣?陶行知说:"花草是活书,树木是活书,飞禽、走兽、小虫、微生物是活书,山川湖海、风云雨雪、天体运行都是活书。活的人、活的问题、活的文化、活的武功、活的世界、活的宇宙、活的变化,都是活的知识之宝库,便都是活的书。"这些论述,是对他"生活即教育""社会即学校"的"活的教育"的有力论证。"活的教育",就是在生活中读书、在生活中用书。"用书如用刀,不快自须磨。呆磨不切菜,何以见婆婆",其体现了人的成长的终极教育意义。

其四,"活的教育",更是五育融合的教育,是以儿童为中心的教育,对促进学生全面发展有重要的意义。德智体美劳五育并举,时刻利用身边教育的一切元素,这就是教育之"活"。忽视了到自然中去探索、到社会中去锻炼,忽视了劳动、运动和休闲,都算不上是活的教育。家长、学生、教师甚至一些教育管理者如果有了这样的观念误区,其在教育价值上的"负担"就会越来越沉重,"幸福"那端就会越来越轻。对于"活的教育",我们只有走在寻找教育的幸福和真谛的道路上,才能铿锵前行。

其五,如何在教育中践行"活的教育"理念?我认为,可从以下方面着手:

(1)联系生活实际:教学内容的起点和过程要紧密结合学生的日常生活,让知识变得生动具体,易于理解和应用。

(2)创设情境教学:通过创设各种真实或模拟的情境,使学生身临其境,更好地感受知识的意义和价值,让学以致用成为可能。

(3)鼓励实践探索:为学生提供丰富的实践参与机会,让他们在亲身体验中学习,培养动手能力和解决问题的能力。

(4)尊重个性差异:认识到每个学生都是独特的,根据他们的兴趣、特长和学习风格进行个性化教育,因材施教。

（5）培养创新思维：营造创新氛围，鼓励学生多角度思考问题，大胆提出新的想法和观点并验证。

（6）引导自主学习：激发学生的学习自主性，让他们主动参与学习过程，学会自我管理和自我驱动。

（7）开展活动教学：组织多样化的教学活动，如小组合作、项目式学习等，增强学习的趣味性和互动性，取长补短，相互激励。

（8）运用鲜活案例：在教学中引入当下鲜活的案例和故事，让教育紧跟时代步伐。

（9）教师以身作则：教师自身要展现出对生活的热爱和积极探索精神，成为学生的榜样。

总之，作为教育者的我们，须时刻牢记陶行知的教育智慧，把学生视为希望的种子，在前进的道路上猛勇如狮子，以达到自由翱翔的境界。或许，"活的教育"就能实现这一目的。

李军，成都市龙泉驿区教育科学研究院教研员，中小学高级教师。先后获得龙泉驿区优秀教师、龙泉驿区骨干教师、龙泉驿区科研先进个人等称号。系周兆伦名师工作室成员，主研省级课题《诗意教育的理论与小学实践研究》。多篇诗歌在《中华诗词》《四川诗词》等刊物发表，《陶行知"诗教"的内涵特征及其构成要素》《陶行知"诗教"的实践探索》等多篇文章获市级奖项。

儿子教学做之四个阶段[①]

一

三餐喂得饱，
个个喊宝宝。

二

小事认真干，
零用自己赚。

三

全部衣食住，
不靠别人助。

四

自活有余力，
帮助人自立。

[①] 载陶行知：《知行诗歌别集》，上海儿童书局，1935，第185页。

科学地促进儿童成长

刘传星

陶行知在《儿子教学做之四个阶段》中嘱咐有孩子的人,要让孩子在做中学、在做中教。家长希望孩子成为一个什么样的人,自己就得成为那样的人;要教孩子自立立人,自己就得自立立人;要教孩子自助助人,自己就得自助助人。特别是他应与孩子商议出一个自立立人、自助助人的教学做过程,分成四个阶段:第一个阶段是"三餐喂得饱,个个喊宝宝";第二个阶段是"小事认真干,零用自己赚";第三个阶段是"全部衣食住,不靠别人助";第四个阶段是"自活有余力,帮助人自立"。陶行知洞察生活,将儿童成长历程形象地分为这四个阶段,既遵循科学规律,又通俗易懂,是与马斯洛需要层次理论和埃里克森人格发展八阶段理论等西方心理学理论相媲美的经典主张,深刻地影响着近现代教学过程理论的发展。

一、要善于发现儿童的成长需求

在陶行知看来,儿童的成长并非一帆风顺,儿童在不同阶段有着不同的成长需求,我们要善于发现并努力呵护儿童的成长需求。陶行知给出了一个具体做法,也是非常行之有效的举措。他在办公桌上精心准备了一个大簿子,并在簿子的封面上写了一个标签"人生问题",簿子旁边放了一张通告:"欢迎大家将心里的问题写出来。"一方面,陶行知此举给学生们提供了一个可以自由表达的机会,学生们可以随时把个人的困惑、困难等写下来,这样既让学生表达了自己的成长困惑,又让学生在此过程中练习了表达和书法两项基本功,可谓一举两得。另一方面,先生此举也让自己多了一个可以更好地了解学生的渠道,方便自己及时了解学生现状,并尽可能帮助学生解决面临的实际困惑(困难),更好地促进学生身心健康成长，这体现了陶行知先生对学生主体地位的重视，更是先生因材施教的生动实践。

二、要善于把握儿童的成长规律

在陶行知看来，儿童的成长并非杂乱无章，儿童在不同阶段有着不同的成长规律，我们要善于分析并精准把握儿童的成长规律。陶行知饶有兴致地和孩子们商议，探索出了一个自立立人、自助助人的教学做过程。一方面，陶行知强调儿童的成长是螺旋式上升的。从学习基本的生存技能，到尝试自己做一些力所能及的小事，再到自己的事情自己做，最后可以富有余力地帮助别人，完美勾画出了一个人从婴儿到学龄儿童，再到舞象之年，直到而立之年等的成长变化图，十分符合个体身心发展规律。另一方面，陶行知强调儿童需求是从低级需要迈向高级需要的。低级需要直接关系个体的生存，也称作缺失需要，如食物、水、空气、睡眠、安全等，陶行知所言第一阶段就是以低级需要为主。高级需要不是维持个体生存所绝对必需的，但是满足这种需要使人健康、长寿、精力旺盛，所以也称作生长需要，如归属和爱的需求、尊重需求、自我实现需求等，从第二阶段到第四阶段的个体的高级需要占比逐渐上升。

三、要善于陪伴儿童的成长历程

在陶行知看来，儿童的成长并非一蹴而就，他们在不同阶段有着不同的陪伴需求，我们要善于判断并整体把握儿童的成长历程。陶行知指出："中国社会对于小孩的教育普通只有两个阶段：一是全然依赖，二是忽然自立。这中间缺少渐进的桥梁。倘若成人突遇变故，小孩失其所依，这是多么难受的痛苦啊。"他直指家庭教育存在的弊端，有的家长过度包揽，有的放任不管，这样的家庭教育存在明显问题。《中华人民共和国家庭教育促进法》已于 2022 年 1 月 1 日起施行，家庭教育由传统"家事"上升为新时代的重要"国事"。陶行知先生九十余年前的儿童成长观与当下的教育观不谋而合。

家庭教育是教育的开端，关乎未成年人的健康成长和家庭的幸福安宁，也关乎国家发展、民族进步、社会稳定。作为一名家长，尤其是新手家长，学习如何育儿是一门新时代的必修课。我们要善于发现儿童的成长需求，善于把握儿童的成长规律，善于陪伴儿童的成长历程，这样才能成为一名合格的家长。

刘传星，四川省教育评估院办公室主任，中小学高级教师，国家二级心理咨询师，四川省学生心理健康工作咨询委员会秘书长。曾获四川省"脱贫攻坚奖先进个人"，省直机关"优秀共产党员"，省委教育工委、教育厅"脱贫攻坚专项奖励记功个人"等称号。先后主持（主研）完成国家社科基金项目等课题7项，发表论文30余篇，担任副主编完成编写省级地方课程教材4套，主持完成的1项成果获四川省人民政府教学成果奖一等奖。

生命[1]

一

生命之美如春花；
千紫万红开落忙。
开时只为春来看，
春去何必在开花？

二

生命之泉如夏雨；
风云雷电皆为汝。
农家得雨庆丰年，
江河横流亦是雨。

三

生命之花如秋月；
月魄婵娟复清绝。
生来带有盈亏命，
何事团圆照离别？

四

生命之洁如冬雪；
梨花散尽天女别。
只合乘风归太虚，
不愿亲遭骄阳劫。

——十二年四月

---

[1] 载陶行知：《知行诗歌别集》，上海儿童书局，1935，第13页。

让生命回到教育主场

文力

"大自然、大社会都是活教材。"在陶行知先生眼里，春花、夏雨、秋月、冬雪不仅是季节轮转的标志，更以各自的方式诠释着生命的价值与意义。这首《生命》小诗作于1923年4月。南京晓庄学院陶行知研究院整理的《陶行知年谱简编》这样记录了先生的1923年4月："与改进社薛鸿志共同整理调查资料，合撰《中国之教育统计》（英文）；撰写《中华教育改进社之历史组织和事业》（英文），准备作为资料携往万国教育会议。"先生百年前创作《生命》小诗时的具体情景虽难细致考察还原，但从年谱寥寥几句对先生活动的记录，我们仿佛看到时年32岁的先生对生命价值意义的自我认识、对生命本质的沉思与颂扬，也可一窥其在为中华民族的前途、为中国的教育事业殚精竭虑、奋斗终身的过程中所形成并践行的生命观。

一、珍惜生命旅程

珍惜生命是尊重生命、热爱生命的先决条件。陶行知在《生难杀易》中讲道："人生之前有父母，父母之前有祖宗。自从八千万年前地壳上发现生物以来，经过七千六百万年而后哺乳，再经过三百五十万年，到五十万年前，不知遇着几万万难，才成人形。成了人形，又不知道经过猛兽、疾病、水旱、刀兵几万万难，才一代一代的死里逃生而传到我。"[①]针对当时人们对生命的漠视，他呼吁道："中国要到什么时候才能翻身？要等到人命贵于财富，人命贵于机器，人命贵于安乐，人命贵于名誉，人命贵于权位，人命贵于一切。只有等到那时，中国才

---

① 方明主编《陶行知全集·第2卷》，四川教育出版社，2009，第39页。

站得起来！"[1] 人的生命是独特而宝贵的，最应得到尊重与珍惜，人们只有意识到并且感激生命的宝贵，才会采取行动来保护它、提升它的质量，并努力使之充满意义，像春花一样，即便春光短暂，也要努力绽放。

二、追寻生命意义

生命的意义是什么？对此，陶行知的答案是，生命的意义，绝不是简单地活着，而是为社会服务、为人类做贡献。在《从烧煤炉谈到教育》一文中，他写道："教育的使命是什么？不是放茅草火！不是灭茅草火！是要依着烧煤的过程点着生命之火焰，放出生命之光明。中国教育的使命，是要依着烧煤的过程，点着中华民族之火焰，放出中华民族生命之光明。"[2] 陶行知认为，只有将个人的生命同民族、国家的生命联系在一起的，才具有值得追寻的生命意义。"无人嫌夏雨，众木共欣荣"，生命的不竭动力来源于更高的价值追寻，正如夏雨沸腾了江河、灌溉了农田、带来了丰收。

三、充盈生命情感

情感既是生命内在的重要活动机制，又是人之生命最具基础性的内质性存在。在陶行知看来，亲情、友情都是生命意义的重要部分，弥足珍贵。在《追忆美国得父没耗后之生活》中，陶行知写道："我欲忙。我欲忙。忙到忘时避断肠，几回内心伤！我欲忘。我欲忘。忘入梦中哭几场，醒来倍凄凉！"[3] 思乡念父的情怀在多少年以后仍然难以释怀。对于朋友，他说："好好坏坏随人讲，心中玉一块。恩怨有偶然，毁誉多意外。翻手作云覆手雨，朋友我不卖。"[4] 可见其对朋友的忠诚豁达。为改变中国落后的教育面貌，陶行知常年奔波在外，与亲人聚少离多，但他却时刻牵挂亲人，"身在千里外，心里自团圆"。秋月象征着远在天涯的

---

[1] 方明主编《陶行知全集·第2卷》，四川教育出版社，2009，第110页。
[2] 同上书，第162页。
[3] 方明主编《陶行知全集·第7卷》，四川教育出版社，2009，第254页。
[4] 同[1]书，第85页。

故乡和亲人,生命因对亲友至诚至善的情感而丰盈、美丽。

四、滋养精神生命

生命的价值是物质价值和精神价值的统一。陶行知认为:"高尚的精神如同山间明月、江上清风一样,是取之不尽、用之无穷的。"[1]同时,他倡导生命的精神价值需要不断提高,"我们人生有高尚的,有低微的;有暂时的,有永久的;有完全的,有片面的。我们要使暂时的生活,能够叫他永久;片面的生活,要使他能完全;低微的要使他高尚。"[2]在论述"精神上活的教育"时,先生则表示:"历来许多大英雄、大豪杰,他的身子虽已腐化了,但他的勇气、毅气,还是贯传着,在我们大家的脑海中。这也就是精神上还没有死。他的精神可以一代一代的向下传。"[3]"捧着一颗心来,不带半根草去",陶行知的精神生命是干净、简单、纯粹的,正如冬雪一般。

陶行知先生奋斗一生,始终关注人的生命。陶行知的生命教育实践是建立在他对生命的珍视、热爱和对于生命发展和教育的基本特征、规律的认识之上的。他将全部身心都投入到为了生命的教育之中,他一生的教育实践须用他全副的生命来诠释。[4]"如果从生命发展的视角来说,教育的本质可以概括为:提高生命的质量和提升生命的价值……人都要实现人生价值。人生价值就是要对社会、对人类、对自然作出一点贡献。人的价值总是体现在与他人、他事的关系中。在人类社会中孤立的自我价值是不存在的。"[5]珍重生命、尊重生命、成就生命,关注每一个具体、真实的生命体,不懈地追求生命意义和价值的最大化,不仅是全面贯彻党的教育方针、促进人自由而全面发展的题中之义,更是实现中国式现代

---

[1] 胡晓风等主编《陶行知教育文集》,四川教育出版社,2007,第146页。

[2] 同上书,第76页。

[3] 同上书,第77页。

[4] 朱小蔓、王平:《陶行知的生命教育思想与实践》,《江海学刊》2019年第1期。

[5] 顾明远:《再论教育本质和教育价值观——纪念改革开放40周年》,《教育研究》2018年第5期。

化，尤其是实现物质文明和精神文明相协调的现代化的迫切需求。生命教育理应回到教育的主场，成为全体教育者乃至全体公民的自觉认识与行动。

文力，成都市教育科学研究院职成与高等教育研究所教研员，高级讲师，四川省职业院校"一老一小"教研中心组成员，成都市大中小党建和思政教育研究中心专家。主研教育部职业教育与成人教育司、教育部职业教育发展中心委托课题2项，省级课题多项；获四川省人民政府教学成果一等奖1项。

人的身体[①]

抬一桶儿水，

烧一锅儿饭，

挑一担儿粪，

出一身儿汗：

晚上睡得着；日里事能干。

让人笑笨伯；我自为好汉。

——十六年十二月

[①] 载陶行知：《知行诗歌集》，上海儿童书局，1933，第74页。

动手实践，出力流汗

李清

2020年3月，中共中央、国务院印发《关于全面加强新时代大中小学劳动教育的意见》，对劳动教育进行了整体设计，要求把劳动教育纳入人才培养全过程，在大中小学设立劳动教育必修课程。同年7月，教育部印发《大中小学劳动教育指导纲要（试行）》，明确指出："当前实施劳动教育的重点是在系统的文化知识学习之外，有目的、有计划地组织学生参加日常生活劳动、生产劳动和服务性劳动，让学生动手实践、出力流汗，接受锻炼、磨炼意志，培养学生正确劳动价值观和良好劳动品质。"

早在1927年，陶行知先生便创作了《人的身体》这首诗。他以朴素而深刻的语言，表达了劳动教育的价值和劳动教育的内容：让学生动手实践，出力流汗，在劳动实践中进行教育。诗中通过描绘一系列日常劳作的场景，生动展现了朴实的劳动生活画面。这些看似简单重复，甚至可能被一些人视为"脏累重"的劳动，实际上却是维持生活、创造价值的基石。陶行知先生通过这些细节，赞美了劳动的伟大和劳动者的尊严。"晚上睡得着；日里事能干"两句，进一步强调了劳动带来的充实感和满足感。夜晚的安眠，是白天辛勤劳动后最好的奖赏；而白天的精力充沛、能干实事，则是身体健康、心态积极的体现。这种对生活的积极态度和乐观精神，正是陶行知先生所倡导的。"让人笑笨伯；我自为好汉"则是全诗的点睛之笔。面对社会的偏见和对劳动的嘲笑，他认为，那些看似笨拙的劳作，实则是真正的英雄行为；而那些只知嘲笑他人劳动的人，才是真正的浅薄无知。"我自为好汉"以一种豪迈的气概，展现了诗人对劳动价值的深刻认识和对劳动者身份的自豪认同。

《人的身体》展现了劳动教育的四点重要意义。一是劳动的价值与尊严。通过描绘一系列日常劳动的场景，如抬水、烧饭、挑粪等，这些看似平凡无奇的劳作，实际上是个人生活和社会运转的基础，是维持生计和创造价值不可或缺的部分。二是劳动带来的强健身体与力量。出一身汗的劳作，不仅带来了身体的耐力与力量，也锻炼了劳动者面对生活挑战的坚韧和勇气。三是积极的生活态度。无论白天多么辛苦，晚上都能安然入睡，这种对生活的满足感和幸福感，是辛勤劳动带来的最好回馈。四是对偏见的反抗与自我认同。面对社会对劳动的偏见和嘲笑，诗歌以"我自为好汉"，表达了对劳动者的身份认同和对偏见的反抗，认为人的真正的价值不在于外表的光鲜或社会的认可，而在于内心的坚定和收获的劳动成果。

中共中央、国务院印发的《关于全面加强新时代大中小学劳动教育的意见》明确要求针对不同学段、类型学生的特点，以日常生活劳动、生产劳动和服务性劳动为主要内容开展劳动教育；结合产业新业态、劳动新形态，注重选择新型服务性劳动的内容。小学低年级要注重围绕劳动意识的启蒙，让学生学习日常生活自理；小学中高年级要注重围绕卫生、劳动习惯养成，让学生做好个人清洁卫生，主动分担家务，适当参加校内外公益劳动，学会与他人合作劳动；初中要注重围绕增加劳动知识、技能，加强家政学习，开展社区服务，适当参加生产劳动；普通高中要注重围绕丰富职业体验，开展服务性劳动、参加生产劳动，使学生熟练掌握一定劳动技能，理解劳动创造价值的道理。

当前，我们的教育倡导德智体美劳五育融合发展。教育回归育人本源，促进学生全面而有个性地发展，以"为了每一个学生的终身发展"为目标，这既是教育的本质内涵，也是培养合格社会主义建设者和接班人的必然要求。

李清，成都市陶行知研究会秘书长，成都市社科联社团联合党支部书记，《行知纵横》主编，原《时代教育》杂志主编，西南财经大学、四川师范大学新闻传播专业教师，西南财经大学新闻传媒专业学位评估行业专家。

少 年[①]

少年！
少年！
油里煎的少年！
为谁心里痛？
没有人相怜！

少年！
少年！
书呆子的少年！
愿为知己死，
知己在那边？

少年！
少年！
大无畏的少年！
你有万钧力，
砍不断情弦？

少年！
少年！
可敬爱的少年！
同是一个人，
何如几年前？

少年！
少年！
似水流的少年！
你再不觉悟，
坟墓在眼前！

[①] 载陶行知：《知行诗歌别集》，上海儿童书局，1935，第86页。

建立自我同一性是青少年的核心任务

吴小虎

诗歌《少年》分为五节，每节都描绘了不同类型的少年形象，并探讨了他们所面临的困境和挑战。诗中少年在煎熬、孤独、无知音的情况下挣扎，同时也展现了他们的勇敢和不屈，这种对比和矛盾的情感体现了少年的多面性和深刻的生命体验，反复的"少年！少年！"表达了对少年的深切情感和复杂情绪。"油里煎的少年"描述的是那些在困境中挣扎、无人怜悯的少年，他们因为各种原因，如家庭问题、社会压力等，感到痛苦和煎熬；"书呆子的少年"强调了那些专注于学业或追求知识的少年，他们愿意为知己献身，但不知知己在何方，反映了他们在精神上的孤独和对理解与支持的渴望；"大无畏的少年"展示了那些具有英雄气概和大无畏精神的少年，他们拥有强大的力量，却无法砍断"情弦"，表现出他们在面对情感时的无奈和无力；"可敬爱的少年"描述的是自我同一性发展良好的少年，他们自我意识良好，追求上进，勤奋努力，不断成长进步；"似水流的少年"一句感叹时间流逝带来的变化，提醒他们要觉悟，不要被时间无情吞噬。从诗歌中可以看出，先生对少年有着多重期待和感慨：既有对他们的同情和理解，也有对他们未来的担忧和期望。整首诗的核心思想是呼吁人们关注并理解青少年的内心世界，鼓励他们勇敢面对生活中的困难和挑战，从心理学的角度而言，即帮助他们完成建立自我同一性的核心任务。

一、何谓自我同一性

自我同一性是心理学的一个重要概念，涉及与自我、人格有密切关系的多层次、多维度的心理发展，它包含最基本的自我认同、个人同一性和社会同一性等层面。建立自我同一性是青少年的发展课题和核心任务，在这一过程中往往伴随着种种危机和失败。对于同一性形成中的危机和失败,心理学家有过不同的论述。埃里克森认为青少年处于"合法延缓期",即处于同一性延缓期,他们往往不知道自己要成为什么样的人而处于不断探索中。如果这一阶段的危机得到积极解决,就会形成"忠诚",即"不顾价值系统的矛盾坚持自己的信念"的品质;如果危机得到消极解决,就会形成不确定性。

玛西亚将自我同一性划分为四种状态:同一性达成、同一性拒斥、同一性分散、延缓偿付。同一性达成的青少年,往往清楚自己想成为什么样的人并能为之做出积极的自我承诺,如"我想成为一名教师,并愿意付出自己的一生"。除了同一性达成,其他三种都是不完整、不成熟的状态。同一性拒斥的青少年,大多自己并不能进行探索,却因对父母等重要他人的期望或建议做出了承诺而拒绝其他选择,如"我对于我的未来没啥想法,只需要继承家里的公司就行了"的依赖家庭的青少年。同一性分散的青少年,通常不清楚或回避考虑个人的品质、目标、必须扮演的角色及价值观等问题,整个人浑浑噩噩,如同行尸走肉,难以承担自己生活的责任,抱着"我不知道我要成为什么样的人,我就当一天和尚撞一天钟也挺好"的心态。延缓偿付的青少年常常正处于不断努力探索的过程中,但还没有形成特定的目标方向、价值观和意识形态。部分大学生害怕进入社会,为了逃避就业压力而选择考研深造,就属于延缓偿付。

二、如何建立自我同一性

"少年强,则中国强",其强调了少年的重要性和他们在国家未来发展中的作用。习近平总书记强调,青少年阶段是人生的"拔节孕穗期",最需要精心引导和栽培。青少年时期是一个人从幼稚走向成熟的过渡期,面临多种危机,其心理发展是一个复杂而多维的过程,涉及自我意识、情绪情感、社会态度等多个方面。为了帮助青少年建立自我同一性,需要加强青少年心理健康教育,整合社会资源和专业力量,构建高度协同、高效运转的青少年心理健康社会支持体系。

(一)发挥家庭教育的支持作用

有关研究表明,父母的教养方式与青少年的自我同一性之间存在显著正相关。这意味着，采用更加民主、更具支持性的教养方式有助于青少年更好地发展自我同一性，而专制型和忽视型教养方式则会导致青少年在同一性扩散方面得分较高。因此，家长应采取更加开放和高支持性的教养方式，鼓励青少年探索自己的兴趣和身份，同时提供必要的指导和支持。

（二）发挥学校教育的主导作用

学校是青少年社会化的一个重要场所。教师和学校管理者可以通过创设和谐的校园文化环境、开展心理健康教育和职业规划指导等方式，帮助青少年探索自己的兴趣和潜能。组织多样化的课外活动和社会实践，有利于促进青少年的社会参与和自我表达。良好的师生关系可以为学生提供一个支持性的学习环境，使他们在遇到困难时能够得到及时的帮助和支持，这对于建立积极的自我形象至关重要。

（三）发挥同伴群体的积极作用

同伴群体对青少年的自我同一性发展同样具有重要影响。鼓励青少年建立健康的同伴关系，可以促进他们的社会技能和自我认同感的发展。家长和教育者应关注青少年的社交圈，引导他们建立正面的同伴关系，避免负面群体的影响。

（四）发挥自我教育的主体作用

苏霍姆林斯基认为，没有自我教育，就没有真正的教育。青少年自身是个体健康发展的第一责任人，进行个人探索和反思是建立自我同一性的关键。家长和教育者可以通过提供安全和支持的环境，鼓励青少年思考自己的价值观、兴趣和目标，进行自我探索和反思，不断提高自我教育能力。

总之，帮助青少年建立自我同一性需要家庭、学校、社会和个体自身多方面的共同努力，通过提供支持性的环境、积极的引导和丰富的探索机会，帮助青少年顺利度过这一关键的发展阶段。

吴小虎，四川省仪陇宏德中学教务处副主任，高级教师，仪陇县优秀教师，南充市优秀班主任。大学毕业后一直坚守在高中数学教学第一线，教学业绩突出，所教班级多次获县高考教学质量等级奖，多篇论文在省级及以上刊物发表并获奖。

闹意见[1]

你说他不好，

他说你不好。

锄头上了锈，

田园长茅草。

---

[1] 载陶行知：《知行诗歌三集》，上海儿童书局，1936，第31页。

团结合作须在"干"上下功夫

罗国林

人民教育家陶行知先生从"五四运动"时期就开始了儿童诗歌的创作。其儿童诗歌，理性上从对大地的亲近、生活的理解、人性的张扬、民主革命的实践、教育本义的追求出发，充满对生命意义的诉求和社会自然关系的内省；形式上以"为大众写、为小孩写"的生活化体现、朴实动人的独特诗韵，切实把握时代脉搏，感受儿童当下生活；语言上活泼灵动、紧贴生活、通俗易懂，诚如中国著名文学家鲁迅先生所说："诗须有形式，要易记，易懂，易唱，动听，但格式不要太严。要有韵，但不必依旧诗韵，只要顺口就好。"总之，陶行知先生创作的儿童诗歌，思想内容和艺术手法都有着自己的独特风格和创作特色，反映时代之精神，承载记录历史的使命。

诗词歌赋，言短而旨远。《闹意见》这首诗，没有高深的说教，没有傲慢的训诫，用口语化的语言道出儿童闹意见的普遍现象和生活真实场景——"你说他""他说你"；用诗化的语言以"上了锈""长茅草"之具象描绘，让人想象出生产停滞、田园荒芜、生活灰暗的景象，不仅让儿童，也让成人感受到"闹意见"的后果与危害，认识到要团结合作的道理。诗歌明白如话，却发人深省，体现了陶行知儿童诗深刻的思想性。作为教育工作者，在朗读学习、感悟体验这首陶诗时，可以从下面几个方面思考和行动。

第一，不要去说"他不好"。生活中经常出现各执一词的局面，针锋相对、唇枪舌战、相互指责，这些行为有时候只是从自己的立场出发看人、看事、看世界。如果不能客观公正看待事实，一味地对他人进行批评指责，不愿意看到自己的不足并改变，个人就不能成长与发展，也不利于事业的发展与社会的进步。生活中，不要时时处处把自己的观点、立场和得失放在首位，而应该学会换位思考。在生活中善待他人、包容和谐，既是一种品质，也是一种责任。在校园中赏识学生、保持阳光心态，既是一种理念，也是一种方法，这也是学习、实践陶行知先生"爱满天下"理念的具体表现。走出"小我"，方能感受天高地阔的"大世界"。

第二，提升自己的修养。不要太在乎别人说"你不好"，要内强素质、外树形象，做好自己。用社会主义核心价值观规范自己的思想与言行，以习总书记提出的"有理想信念，有道德情操，有扎实学识，有仁爱之心"的"四有"好老师为标准修德修行。教师不仅要有新课程的教育理念，也要具备现代的教育方法与技术，更要保持良好的生命状态。一个人的工作状态就是他的生命状态，教师尤其要在工作中磨炼自己的品性和本领。

第三，突出"干"，多在"干"上做文章。"锄头上了锈，田园长茅草"警醒世人，正常的工作和生活被喋喋不休的相互指责耽误，会产生严重现实问题。古人云"人心齐，泰山移"，今人常说"空谈误国"。因此，我们应谨记，我理解你的看法，你包容我的立场，求同存异成共识，多在"干"上下功夫。

陶行知先生在中国内忧外患的历史时期，在大众平民整天为生活而奔波劳作的现实情景中，提出"生活即教育"的生活教育理念，倡导"做中学、小先生、教学做合一"的生活教育方法，其精髓就是一个"干"字。作为新时代的教师，生活教育为我们勾画了一个美好的教育愿景，钻研业务，少说多干，走近学生内心世界，走进社会家庭，走进生产生活，在"干"上多下功夫，在"干"上多做文章，是教师自我发展的必经之路。

罗国林，广元市利州区中小学教研室原主任，正高级教师，四川省陶行知研究会常务理事、工学团专业委员会副理事长，四川省教育学会学术委员会学术委员、农村分会学术委员，四川省乡村学校振兴联盟专家组成员。在《人民教育》《中国教师报》等发表文章20余篇。获评四川省教育科研先进个人、四川省陶行知研究会学陶典范，多次获得四川省和广元市教育科研成果奖。

自动学校小影[1]

有个学校真奇怪；

小孩自动教小孩。

七十二行皆先生；

先生不在学如在。

——二十一年十月

---

[1] 载陶行知：《知行诗歌集》，上海儿童书局，1933，第145页。

"小先生制"的生动写照

周晓娟

20世纪20年代初陶行知先生便开始积极投身平民教育运动。他在家中设立了"笑山平民读书处",让次子陶晓光教祖母学习"平民千字课"。令人欣喜的是,其祖母通过16天的学习,便可以读书看报了。这种让小孩在家里教长辈读书识字的"即知即传"的学习方式为陶行知先生创造"小先生制"提供了灵感来源。《论语》有云:"三人行,必有我师焉。""小先生制"则蕴含了陶行知先生对中国古代教育思想坚定不移的传承,它强调学问并不专属于长者,人人皆可为师,人人皆可传道授业。此外,陶行知在留学美国期间,深受杜威、孟禄等教育家的影响,形成了"生活即教育""社会即学校"等现代教育理念。这些理念也为他提出"小先生制"提供了理论基础和实践指导。他通过创办工学团、识字学校、女工夜校等教育组织,积累了丰富的教育实践经验。在陶行知的感召下,一些少年学子,如方友竹等,积极参与教育普及活动,创办"报童工学团""流浪儿童工学团"等组织,实行学生教学生的连环教学。这些实践活动让陶行知深刻体会到"小先生制"的可行性和有效性。1934年山海工学团在纪念"一·二八"事变两周年大会上举行小先生普及教育队授旗典礼及宣誓仪式,标志着"小先生制"的正式诞生。自此,"小先生制"作为一种教育组织形式和教育理念被正式提出并推广实施。在教育的星空中,陶行知先生以其深邃的思想和独特的实践,为我们绘制了一幅幅充满智慧和希望的教育图景。他的这首现代诗《自动学校小影》便是其中的一颗璀璨之星。诗中不仅展现了"小先生制"实施的生动图景,也为我们今天的教育实践提供了宝贵的启示。

一、童真世界的智慧碰撞

"有个学校真奇怪",诗的开篇便吸引了我们的目光。这里的"奇怪"并非指学校的外观或设施有何异于常人之处,而是指其教育理念和方法的不同寻常。它打破了传统学校中教师单方面传授知识、学生被动接受知识的模式,实现了一种新型的、以学生为中心的自主学习模式。

"小孩自动教小孩",这是对"奇怪"之处的进一步解释。在这里,每一个孩子都是知识的探索者,也是知识的传递者。他们通过自主学习,掌握了一定的知识和技能后,便能够将自己的所学所得分享给其他同学。这种"小孩教小孩"的方式,不仅增强了学习的互动性和趣味性,也锻炼了孩子们的沟通能力和团队协作精神。

"有个学校真奇怪,小孩自动教小孩"这句诗,仿佛开启了一扇通往未知世界的大门,引领我们走进一个充满奇迹与诸多可能的教育乐园。在这里,孩子们不再是被动接受知识的容器,而是主动探索、相互启发的伙伴。他们以自己独特的视角和理解,诠释着这个世界,又在彼此的交流中不断碰撞出新的思想火花。这种"小孩教小孩"的模式,不仅激发了孩子们的学习兴趣和创造力,更让教育回归了最本真的状态——一种基于好奇、探索和分享的天然的过程。

二、知识无界的融合交响

"七十二行皆先生",这是对"小孩自动教小孩"模式的进一步扩展。在传统的学校中,教师往往是知识的权威和唯一的传授者。然而,在陶行知先生所构想的这所"奇怪"的学校中,每一个拥有专业知识和专门技能的人都可以成为"先生"。无论是医生、科学家、艺术家,还是农民、工人、商人,只要他们愿意分享自己的知识和经验,就能够成为"先生"。

当下,这种"七十二行皆先生"的理念,能够打破传统学校中教师职业的界限和学科的壁垒,让教育变得更加开放和多元,同时也促进了知识的融合与创新,更让孩子们在多元文化的浸润下,成长为具有全球视野和跨文化交流能力的人才。

三、自主学习的心灵之旅

"先生不在学如在",这句诗描绘了一幅自主学习、自我管理的美好图景。在这所学校里,孩子们学会了如何在没有教师直接指导的情况下,独立地制订学习计划、选择学习资源、评估学习成果。他们像一群勇敢的探险家,在知识的海洋中自由遨游,不断发现新的大陆,解决未知的谜题。这种自主学习能力的培养,不仅有利于孩子们在学业上取得优异的成绩,更让他们为未来的生活储备持续学习和适应变化的能力。更重要的是,它能让孩子们学会独立思考、做出决策、承担责任,这些都是他们人生道路上不可或缺的宝贵财富。

当我们回望历史,陶行知先生提出的"自动学校"理念仿佛穿越了时空的隧道,与当今社会的教育改革不谋而合。这位伟大的教育家以其前瞻性的眼光和深邃的思考,为我们描绘了一幅未来教育的蓝图。如今,随着科技的飞速发展和社会的不断进步,我们距离这个梦想的实现越来越近。然而,我们也需要清醒地认识到,实现自动学校并非一蹴而就的事情,它需要我们在教育理念、课程设置、师资培训、评价体系等多个方面进行深刻的变革和创新。只有这样,我们才能真正让"小孩教小孩"的奇迹成为现实,让教育成为推动社会进步和发展的重要力量。

周晓娟,重庆市育才中学校学生发展中心副主任,一级教师。曾获由重庆市教育学会德育专业委员会评选的"我的教育案例"一等奖,重庆市教育学会班主任专业委员会首届"好班主任"杯教育故事演讲比赛特等奖;获由重庆市教育学会外语教学专业委员会举办的论文评选一等奖 3 次,二等奖 3 次。两次获评重庆市九龙坡区"成绩突出教师",多次获评校"岗位业绩标兵""优秀共产党员"。

工师歌[1]

他是木匠；
我是先生。
先生学木匠；
木匠学先生。
哼，哼，哼，
我哼成了先生木匠，
他哼成了木匠先生。

——二十一年冬

---

[1] 载陶行知：《知行诗歌集》，上海儿童书局，1933，第146页。

"理实一体，匠师融合"的现代职业教育教师

李代慧

《工师歌》中的教育精神，既是陶行知朴素教育思想的体现，也是对现代职业教育理念的启发，在追求职业教育高质量发展的今天，值得我们深入学习和思考。新时代教师不能再做教书匠，新时代职业教育教师更不能再做教书匠，而应该主动树立"理实一体、匠师融合"的现代职业教育教师观，实现从教书匠到教育者再到教育家的蝶变。

一、职业教育教师的三重境界

教书匠、教育者和教育家是职业教育教师进阶的三种不同境界，主要体现在其教育理念、教育方法与职业发展的追求上。教书匠把教学作为谋生手段，同时也以谋生为目的。他们大多采用灌输式的教学方法，教学过程单调，强调知识而忽略教学的对象（学生），强调权威而反对挑战，强调技能而缺乏创新和变化。教育者除了传授知识，更重视学生的全面发展和个性化培养。他们的教学过程注重启发，以学生为中心，培养兴趣，调动其主观能动性，促进其自主学习，积极推动理实一体、工学结合，重视劳动，鼓励实践创新。教育家则注重"教学相长"。他们研究专业技能、教学手段和学习方法，通过研究不断超越过去的自己，活化思维，享受教学，在实践中不断精进；注重引导培养学生的创新思维、批判性思维和解决问题的能力；他们致力于教育改革创新，探索更适合引导学生发展的教学方法和教育模式。

二、现代职业教育的教师素养

现代职业教育是指为培养高素质技术技能人才，使受教育者具备从事某种职

业或者实现职业发展所需要的职业道德、科学文化与专业知识、技术技能等职业综合素质和行动能力而实施的教育，主要目标是培养高素质技术技能人才、能工巧匠、大国工匠。可见，职业教育的目的是要培养社会不可或缺的"木匠先生"，指导他们在各行各业踏实耕耘、敬业、精益、专注、创新，使他们既可以成为"木匠"，也可以成为"先生"，最终成为各行各业的从业者、教育者和开拓创新者。社会的飞速发展带来了教育需求的不断更新，"让学生成长"的教育目标早已不仅仅是传统意义的"读书""学艺"能概括的，《工师歌》中的"木匠"所代表的社会技术技能人才也早已经不再仅仅是"会做木工的人"。要培养出新时代需要的"木匠先生"，职业教育"应当弘扬社会主义核心价值观，对受教育者进行思想政治教育和职业道德教育，培育劳模精神、劳动精神、工匠精神，传授科学文化与专业知识，培养技术技能，进行职业指导，全面提高受教育者的素质"。这里的"工匠精神"教育与陶行知先生《工师歌》里的"先生木匠"思想相契合，匠人精神、大国工匠精神在新时代得到回响。

三、与时俱进的职教师资队伍

"先生学木匠，木匠学先生"，陶行知先生的生活教育理论在这里再次得到体现。职业教育作为一种教育类型，与普通教育的最大区别在于其是一种跨界教育，它将社会和学校直接连接起来，正好与陶行知先生主张的社会即学校的观点不谋而合。社会是教育的场所，陶行知先生主张教育要应济社会的需求，促进社会进步、促进社会发展、改善人民生活。现代职业教育倡导"坚持立德树人、德技并修，坚持产教融合、校企合作，坚持面向市场、促进就业，坚持面向实践、强化能力，坚持面向人人、因材施教"，基于这样的教育需求，职业教育的教师应该努力朝着"有理想信念、有道德情操、有扎实学识、有仁爱之心"的"四有"好老师目标奋进。新时代职业教育面临着培养更多高素质技术技能人才、能工巧匠、大国工匠的紧迫新使命，而教师是提升职业教育质量的关键。当前，深化职业教育教师队伍建设，教师除了要更新教育理念和教学技能，更要不断精进，主动更新知识体系，终身学习，提升水平，以应对未来的挑战。

李代慧，四川省泸州市江阳职业高级中学原党委书记、校长，全国第一批中小学正高级教师，四川省政协教育智库专家，四川省陶行知研究会副会长，《师陶学刊·职教》编委会主任，曾兼任清华大学特聘教授、重庆师范大学硕士生导师、国家改革发展示范学校专家组长、正高级教师评审专家组长。主编国家规划教材2本，公开发表论文30余篇。获四川省人民政府教学成果一等奖。

问老妈子[1]

文章好不好？
要问老妈子。
老妈高兴听，
可以卖稿子。
老妈听不懂，
就算是废纸。
废纸哪个要？
送给书呆子。

---

[1] 原载《生活教育》1935年第2卷第18期。

教学语言要通俗易懂

张先华

读过陶行知先生诗文的人都能够感受到,陶行知先生不仅学识博大精深,而且语言表达通俗易懂。陶行知先生的《问老妈子》这首诗,可以说就是他对语言表达的主张、宣言,就是他的语言表达观。他在这首诗歌的末尾更是直接阐述了他对语言表达要通俗易懂的主张。

一、呼吁通俗易懂

中国陶行知研究会副秘书长兼课题办主任、四川省陶行知研究会副会长兼秘书长杨东先生在一次报告中呼吁,我们学陶、思陶,既要学习陶行知先生的教育思想,又要学习他通俗易懂的语言表达风格。特别是教师的教学语言,靠得住的不是教师的耳朵,而是学生的耳朵。学生的耳朵就是教师教学语言的"先生",不在乎教师讲懂了没有,而在乎学生听懂了没有。这也是以学生为中心的体现。

二、主张通俗易懂

在学术面前,我们也应主张采取明白晓畅的表达。就算是真理,不被理解的真理又有何意义呢?大道至简。真理的形式应该是朴素的。人民教育家陶行知、语文教育家叶圣陶、著名美学家朱光潜,他们的表达都是明白晓畅的。

朱光潜先生在《谈美》中指出:"一切事物都有几种看法。你说一件事物是美的或是丑的,这也只是一种看法。换一个看法,你说它是真的或是假的;再换一种看法,你说它是善的或是恶的。同是一件事物,看法有多种,所看出来的现象也就有多种。"朱光潜先生的表达是多么的通俗易懂,对同一事物可以从真、善、美三个角度去看。

真正的大师，其表达都是深入浅出、通俗易懂的。他们心中有学术，口中无术语，尽量回避术语。真正的学术，一定是把所研究的对象搞清楚、想明白了的，而且能够深入浅出、通俗易懂地表达出来。

三、落实通俗易懂

教师的教学语言就应该通俗易懂。数学课回避不了一些数学术语，而且还主张学生用数学的术语进行数学的表达。实际上，中小学数学中的很多术语已经大众化了。但是，数学教学中，通俗易懂的表达仍然还有空间，还可以不断探索，使其更加通俗易懂。倒是中小学语文教学，本来就是研究语言表达的，但语言表达却存在一些问题，以致王荣生教授呼吁要"心中有学术，口中无术语"。一些语文教师一提到比喻就是本体、喻体、比喻词，然后就是比喻的分类。其实，不论是考试，还是生活中，都不在乎这些，在乎的是会不会欣赏比喻和运用比喻。

比喻就是使教学语言通俗易懂的好方法。化学里有一个"能量最低原理"，是指核外电子总是先占据能量最低的轨道，只有能量最低的轨道被占满后，电子才能进入能量较高的轨道。这是一个很抽象的原理，但一位化学教师通过一个比喻，让全体学生都轻松地理解了。他的比喻是：核外电子犹如水，到了一块高低不同的洼地，水总是先淹低处，然后才淹到较高的地方。一喻胜千言，再抽象的原理，一打比方，就形象了，也就通俗易懂了。我坚信，有了好的比喻，没有教不懂的学生。

传播学有一个原则是永远保持简单的，甚至是傻傻的、笨笨的样子，才易传播。教师的教学语言要通俗易懂，才能让学生听得懂、记得住。

张先华，绵阳师范学院教授，"国培计划"首席专家，中共四川省委统战部"四川同心·专家服务团"专家，四川省陶行知研究会实验学校指导专家，四川省社会科学高水平研究团队"四川基础教育学科教学改革研究团队"核心成员。出版著述23本，发表文章100余篇。获四川省人民政府教学成果奖3项。

爱 ①

一

他如果不来,

谁也不能叫他来;

他如果来了,

谁也不能叫他去。

二

本来是有的,

不用讨而给;

本来是有的,

不用送而受。

三

他来,

我不知道他从那儿来;

他去,

我不知道他往那儿去。

——十二年八月五日

---

① 载陶行知:《知行诗歌别集》,上海儿童书局,1935,第19页。

孩子，我该如何爱你？

刘洪

《爱》这首诗体现了陶行知先生的家庭教育观，诠释了父母之爱的真谛，即珍惜、感恩、尽心、尽力、尊重与陪伴。全诗除标题外，正文无一个"爱"字，句句不提爱，字字都是爱，用简单简练的文字表达出世上最深刻的情感。陶行知先生将其一生都奉献给了教育事业，将爱播撒在祖国大地上，对爱的理解极为深刻，他不仅是四个孩子的父亲，更是千千万万学生的父亲。《爱》这首诗是陶行知先生给予天下父母最中肯的建议，也是最真挚的呼吁，呼吁父母要用正确的方式爱孩子，建立良好的亲子关系，不能以爱之名伤害孩子，辜负彼此一段珍贵的缘。

一、孕育阶段：爱是珍贵的缘

"他如果不来，谁也不能叫他来；他如果来了，谁也不能叫他去。"陶行知先生主张尊重儿童的人权，并认为儿童的人权是从胎儿的时候开始的，剥夺儿童的生存权是一种罪恶。[①] 每个孩子都是天使，父母应珍爱孩子，充分尊重、敬畏孩子的生命。父母与孩子相遇是天赐的缘分，只要孩子来了，做父母的风里雨里都要去迎接；如果孩子不来，就顺其自然等待缘分。两颗心同在一个身体里跳动的节奏是世上最美的旋律，孩子的第一声啼哭是世上最动听的声音，"爸爸""妈妈"是世上最好听的两个词。父母对孩子的爱就是珍惜和感恩，珍惜孩子给予我们做父母的机会，珍惜孩子的那份天真可爱；感恩孩子的陪伴。

[①] 胡晓风等主编《陶行知教育文集》，四川教育出版社，2007，第523页。

二、养育阶段：爱是竭尽全力

"本来是有的，不用讨而给；本来是有的，不用送而受。"爱不是要把世上最好的东西给予孩子，也不是给予孩子他想要的一切，爱是父母在能力范围内竭尽全力心甘情愿地给予，不要求回报，不进行道德和情感绑架。陶行知先生认为，养"一个整个的人"有三种要素：健康的身体、独立的思想、独立的职业。父母要在能力范围内保证孩子的身心健康，让孩子以书为伴，并引导孩子发展兴趣爱好，相信孩子有无限向上生长的力量和可能性。陈鹤琴先生也主张凡是孩子自己能做的事情，父母千万不能替他做，不然孩子会养成不识世务、不知劳苦的性格。[1] 父母对孩子，须竭尽全力，并给予孩子自由创造的空间。陶行知先生相信孩子有不可思议的力量，作为父母，也要相信自己的孩子有不可思议的力量。

三、陪育阶段：爱是放心放手

"他来，我不知道他从那儿来；他去，我不知道他往那儿去。"父母与孩子的相处过程，就是"你陪我长大，我陪你变老"的过程。但在另一个方面，待孩子羽翼丰满要走向远方、走向世界的时候，作为父母，要懂得放手让孩子去探索和实现自我，不能过多干涉孩子的生活、工作和思想，父母能做的就是在身后默默支持与成全。陪育是一种新的家庭教育理念，这一理念基于"尊重、陪伴、爱"三大基本原则，家长的角色是参与者、响应者，而不是领导者、牵头者。陶行知先生提倡让孩子自立自强自爱，解放孩子，让孩子去实践、去担当，正如他在《自立立人歌》中所说的"滴自己的汗，吃自己的饭，自己的事自己干。靠人、靠天、靠祖上，不算好汉"[2]。陶行知也主张所有儿童、青年都要在动手干的过程中去学习。陶行知先生认为父母有两种心态对孩子十分有害，一是忽视，二是期望太切。建立在尊重和信任基础之上的恰到好处的放手，是父母对孩子最深刻的爱。

综上所述，《爱》这首诗歌对和谐亲子关系的构建具有重要的指导意义。当

---

[1] 陈鹤琴：《家庭教育》，长江文艺出版社，2013，第137页。
[2] 方明主编《陶行知全集·第7卷》，四川教育出版社，2009，第184页。

今社会，很多父母将孩子看作自己的私人物品，具有很强的控制欲和占有欲，把自己的所思所想，甚至未完成的梦想强加给孩子，不倾听孩子的声音，不尊重孩子的决定，造成亲子关系十分紧张，孩子也活得很压抑。父母应该给予孩子一定的自由，陶行知给自由下的定义为自主、自决、自动、自得，他将孩子比作树苗，"树苗要伸出头来呼吸自由的空气，感受自由的阳光，才能活，才能长，才能端正"①，孩子"失掉自由，不能成人"。真正的爱一定是基于尊重和理解、信任和成全的，让父母成为父母、孩子成为孩子，各得其所，唯有如此，才能建立良好的亲子关系。

刘洪，北部湾大学教师。先后主持厅级科研项目 2 项、校级课程思政项目 1 项，参与多项省级课题，以第一作者发表论文 5 篇。2024 年指导学生参加竞赛获省级特等奖 1 项、国家级三等奖 1 项。

---

① 胡晓风等主编《陶行知教育文集》，四川教育出版社，2007，第 298 页。

结婚证词[1]

天也欢喜，
地也欢喜，
人也欢喜。
欢喜你遇到了我，
我遇到了你。
当时是你心里有了一个我，
我心里有了一个你。
从今后是朝朝暮暮在一起，
地久天长，
同心比翼，
相敬相爱相扶持。
偶然发点脾气，
也要规劝勉励。

在工作中学习，
在服务上努力，
追求真理，
抗战到底。
为着大我，
忘却小己，
直等到最后胜利。
再从容生一两个孩子，
一半儿像我，
一半儿像你。

——二十八年十二月三十一日

---

[1] 原诗题于陶行知与吴树琴的结婚证书上，题目由本文作者添加。

陶行知的婚恋哲学与大学生婚恋观教育

蒋雯　李贞

1939年12月31日，陶行知与吴树琴在重庆举行婚礼。结婚前夕，才情过人的吴树琴执笔，写下一份由两人合撰的幽默而绝妙的结婚通告："前世有缘，无法奈何！我也爱他，他也爱我。教学相长，如切如磋。好来好往，朝朝暮暮。万里长征，好事多磨。苦中有甜，彼唱此和。国难当头，理宜节约。替代钻戒，丹心一颗。不要媒公，不要媒婆。两相情愿，终身合作。主不请客，客不恭贺。敬告亲友，大家呵呵！右合撰结婚通告，写给吾夫爱存。"

见妻子如此多才，陶行知亦不甘示弱，在结婚证书上题了一首白话小诗。小诗写得甜蜜无比，吴树琴对丈夫称赞不已，两人相对已忘言，心中只剩下满满的欢喜。二人婚后住在重庆北碚文星湾附近一个二层旧碉楼中，条件艰辛，生活清贫，但夫妻俩却苦中作乐，过得很是甜蜜。他们自己动手种菜，一起从事教育运动，夫唱妇随，恩爱无比。

一、从《结婚证词》管窥陶行知的婚恋哲学

（一）《结婚证词》的丰富内涵

陶行知先生的《结婚证词》内涵丰富，主要表达了四层意思。

真情流露。开头"天也欢喜，地也欢喜，人也欢喜"营造出喜悦氛围，奠定了幸福基调。"欢喜你遇到了我，我遇到了你"表达出对两人相遇的欣喜与珍视，强调相遇是美好的缘分。"当时是你心里有了一个我，我心里有了一个你"说明双方情投意合，感情真挚深厚。

婚姻期许。"从今后是朝朝暮暮在一起，地久天长，同心比翼，相敬相爱相扶持"体现了对婚后生活的期待，希望两人长相厮守、相互敬爱、携手同行。"偶然

发点脾气，也要规劝勉励"表明婚姻中会有小摩擦，但要相互包容、鼓励，共同经营婚姻。

人生追求。"在工作中学习，在服务上努力，追求真理，抗战到底"体现了陶行知对真理的追求和抗战决心的坚定，也希望夫妻在婚姻中共同成长，为社会服务，将个人命运与国家命运相连。"为着大我，忘却小己，直等到最后胜利"强调要为了国家和民族利益，放下个人私利，具有强烈的家国情怀和奉献精神。

家庭愿景。"再从容生一两个孩子，一半儿像我，一半儿像你"描绘了对未来家温馨庭生活的憧憬，希望有爱情结晶，使家庭更加幸福。

经常听大学生道：把感情看得太重不潇洒，显得格局太小；把感情看得太轻不沉稳，显得不够专一；太想结婚了，被说幼稚，欠缺考虑；不想结婚，被说无赖，不负责任……其实，恋爱这件事，除了爱，还需要明白一些方法和原则，或许陶行知先生的婚恋哲学能给大学生培养科学婚恋观带来启示。

（二）陶行知婚恋哲学的核心要义

中国教育科学研究院研究员储朝晖在其著作《多维陶行知》中，从"恋爱莫早、当饭吃好、至上主义要打倒、真情实意、一夫一妻、莫要成三角、爱贵自然、自主更甜、相敬相爱相扶持、拼命莫只为失恋、婚俗宜简、事业共进、结婚不只为自身"十三个方面阐述了陶行知的婚恋哲学[①]。这里论述其中三重核心要义。

1.婚恋与事业的统一性

陶行知在《恋爱无上主义者小影》中对那些"吃饭睡觉不高兴，读书做事不起劲；千劝万劝不肯听，一封来信救了命"的人进行劝解，他说："在我们的队伍里，把恋爱当作大烟抽的人是没有地位的。"为了引导青年树立正确的恋爱观，1936年陶行知专门作诗《写给青年斗士们》，诗中写道："莫说你爱我，莫说我爱你。碰到一块来，大家欢欢喜喜的，为民族大众的解放，出一点儿主意，努一点儿力；就是这样吧，已够甜蜜！"他在祝贺一位教师和工人结婚的对唱诗中写道："（一）我教人。我做工。结了婚。还做工。哪里去做工？沪西或浦东。不做

[①] 储朝晖：《多维陶行知》，北京大学出版社，2016，第169-176页。

少奶奶？享福必送终，为大众，各尽忠，老婆无须跟老公。(二)我做工。我教人。结了婚。还教人。哪儿去教人？还是艮山门。预备教什么？教人做先生。大先生，小先生，你别跟我跑进城。"他鼓励这对新婚夫妇婚后把各自的事业放在首位。

2. 爱的实践性与利他性

陶行知将爱定义为"行动"，呼应其"行是知之始"的哲学观，暗示婚恋应建立在共同实践中，强调真爱要具备利他性。他的这些观点突破了浪漫主义的情感框架，主张婚恋要以社会责任为前提，反对功利化与享乐主义倾向。在《结婚歌》中他又说："月亮圆，蜜糖甜，手拉手，脸亲脸。一对新夫妇，双双走向前。要劳苦的蜜甜，要离散的团圆。要反帝，反封建，革命恋爱打一片。女工人，男学生，结了婚，来斗争。哪儿去斗争？都市或乡村。结婚革了命，不再为儿孙。为大众，求生存，联合起来誓不分。"他赞成这样的婚恋。

3. 婚恋道德的示范性

陶行知认为，人生四大问题中，自己不能做主的是"生"和"死"，自己可以做主的是"恋爱婚姻"和"事业"。他说："我们有恋爱的生活，也就应该有恋爱的教育。"[1] 他反对旧社会遗留的一夫多妻制，也反对当时社会上存在的三角恋爱、不正当两性关系的不道德行为。他提醒人们在选择伴侣时要慎重，强调"爱之酒，甜而苦。两人喝，是甘露；三人喝，酸如醋。随便喝，毒中毒！"。这表明他在婚恋观上非常注重实际效果和稳定性，告诫大家选择伴侣时要考虑长远，避免草率行事。他认为教育者的婚恋应成为学生的道德典范。他支持妻子参与晓庄师范的管理，并通过家书传递平等、互助的婚恋观，体现其对婚恋关系中性别平等与责任共担的重视。

二、陶行知婚恋哲学对于大学生婚恋观教育的启示

部分大学生由于心理尚未完全成熟，加之缺乏健康婚恋观的指导，又受到一些错误的择偶标准、价值观念和恋爱方式的影响，"恋爱现象普遍化、恋爱动机多

---

[1] 戴自俺：《时雨春风思金陵——师陶琐忆之二》，《中国陶行知研究会会讯》第66期。

元化、恋爱行为感性化、恋爱纠纷频繁化、恋爱成功率低下化"表现突出[①]。国务院办公厅印发的《关于加快完善生育支持政策体系推动建设生育友好型社会的若干措施》在强调"大力倡导积极的婚恋观、生育观、家庭观"的同时,首次提出"将相关内容融入中小学、本专科教育"。陶行知的婚恋哲学不仅能为大学生提供科学的恋爱指导,还可以帮助他们树立正确的婚恋价值观,促进他们在学业和个人发展上的全面进步。

(一)当代大学生婚恋观教育的现实困境

价值观异化,功利化倾向明显。部分学生将婚恋视为资源交换,追求物质至上。

实践能力薄弱,情感管理失调。根据笔者调查,大学生普遍缺乏处理失恋、冲突的能力,约25%的校园心理问题与情感困扰相关。网络交往导致"快餐式恋爱"盛行,削弱了现实交往中的共情能力。

家校共育机制缺位。绝大多数家长回避婚恋教育,导致学生缺乏基本的情感认知框架,仅有少数高校系统性地开设婚恋主题类课程,多数辅导员认为情感问题属"隐私领域"而疏于引导。

(二)基于陶行知婚恋哲学的婚恋观教育路径

课程生态重构。将陶行知诗歌嵌入专业课程,如用《手脑相长歌》设计"情感劳动实践课"培养责任感,在心理健康教育课程中分析《爱之三字经》的伦理启示,在人工智能课程中结合《假人》探讨恋爱伦理。

家校社联合培育。教育者应构建"家庭—学校—社会"协同生态,如学校层面,借鉴现代学徒制,鼓励情侣共同参与乡村振兴、社区服务项目,践行"爱即行动"理念;家庭层面,通过"亲子共读陶诗"活动,开启陶行知家书中的平等对话模式,破解情感表达障碍;社会层面,如联合媒体发起"新式婚恋宣言",抵制拜金主义等异化思潮,倡导婚恋回归人性本真。

大学生自我教育。大学生要认识到爱情是美好的,美好的爱情是纯真、专一

---

① 龚光军、陈治芳:《陶行知的人生婚恋观对于大学生的教育启示》,《四川职业技术学院学报》,2016年第2期。

的，美好的爱情要基于一定的社会基础、共同的生活理想，要以婚姻为目的；要正确认识爱情在大学生活中的位置，学会正确面对恋爱过程中的问题，避免从众式恋爱、草率性恋爱。

三、结束语

陶行知先生的恋爱哲学是一座蕴含着无穷智慧与力量的宝库，它教会大学生如何在爱情的海洋中正确航行，如何用真诚、责任与担当去书写属于自己的爱情篇章。真心期待大学生以先生的理念为指引，在纷繁复杂的现代社会中，追寻那至真至纯、历久弥坚的美好爱情，用爱去构建和谐美满的家庭，做"恋爱婚姻"和"事业"的主人。

蒋雯，四川职业技术学院专职辅导员，助理研究员，先后主持(参加)10余项市厅级课题，发表论文20余篇。

李贞，四川职业技术学院副教授，教师教育学院综合科科长。主要从事大学生思想政治教育研究。发表学术论文11篇，承担科研项目9项，获实用新型专利1项。

后记

在陶行知先生众多的诗作中，大约有三分之一的诗篇与教育有关，教育主题的诗占非常重要的地位。品读陶行知的教育诗，我们能深切地感受到，这些富含生命意义、教育意义、生活意义的诗篇不仅是陶行知先生留给后人的艺术财富，更是陶行知先生留给后人的宝贵精神财富。

目前，市面上有关"陶诗"的著作，其编著体例大体分为"文集汇编型"和"学术研究型"两类，前者如《行知诗歌集》（生活·读书·新知三联书店，1981）、《陶行知儿童诗歌一百首》（上海科学技术文献出版社，2002）、《知行诗歌集》（海豚出版社，2012）、《诗的学校：陶行知儿童文学选读》（东南大学出版社，2022）等，以作品辑录为主；后者如孙铭勋著《从行知诗歌看教育》（新北京出版社，1950）、黄晓林著《陶行知诗歌与教育》（四川大学出版社，2008），大多理论性强。盖因陶行知诗歌研究的"学术"与"实践"断层，陶行知诗教理念难以成为教育现场的"行动哲学"。

四川省陶行知研究会（以下简称"川陶会"）以"师法行知，创享教育"为使命，以"学陶、师陶、研陶、践陶"为根本任务，以"汇入主流，服务主流"为办会方针，坚持"学陶师陶研陶与现实教育服务相结合""规范性与灵活性相结合""公益性与市场化相结合"的三大原则，受到省内外教育同人的广泛认可，为四川省教育高质量发展做出了应有贡献。根据川陶会第六届会员代表大会确定的五年工作规划，在学术建设上要重点实施"开好年度学术会议""组织开展专项研究""出版陶研著作"等计划，编写《陶行知教育诗篇研读》一书，即是川陶会近几年工作要点之一。在加快建设教育强国、科技强国和人才强国的时代背景下，在习近平总书记提出"四有"好老师要求的十周年之际，在教育界大力践行中国特有的教育家精神之时，耗时三年，川陶会精心编著的《陶行知教育诗篇研读》终于付梓。

本书以教育部教师专业标准中的"专业理念与师德""专业知识""专业能力"三个维度为暗线，分上中下三篇，再现富有教育性、经典性、传承性的诗歌三十余首。省内外四十余名陶友（既有知名专家学者、高校教授，又有名校园长和一线教研员、教师；既有古稀之年的"老陶子"，也有风华正茂的在读大学生）从教育学、心理学、学校管理学和教学论等层面对陶行知教育诗歌进行解读，力求既准确把握诗歌历史背景和本源，又注意密切联系新时代教育实际。我们笃信，当《每事问》化作学生的实验记录本，当《手脑相长歌》成为项目学习启动仪式的背景音，陶行知的诗歌便真正实现了从"纸面"到"地面"的跨越。这需要研究者躬身走进课堂，更需要一线教师以创造性的实践，让百年前的诗句在当代教育土壤中萌发新芽。唯有如此，"陶诗"才能真正走出书斋，成为推动教育改革的鲜活力量。

　　在本书编写过程中，我们参阅和引用了有关专家学者的专著、教材和论文的一些观点和材料，在此谨向这些文献资料的作者表示衷心的感谢。川陶会第二任会长韩邦彦同志和副会长李镇西同志为本书做序，川陶会第三任会长章玉钧同志和会长赵振铣同志为本书题词并审读部分书稿，他们对书稿框架、文章标题和文字表述优化等提出了宝贵意见，四川教育出版社学术分社的编辑对书稿的修改和优化付出了辛勤劳动，在此一并表示感谢！

　　由于水平有限，虽尽力而为，但谬误之处在所难免。一如既往地期待各方批评指正，可通过四川行知教育网、四川省陶行知研究会微信公众号、邮箱sctxzvip@163.com等方式向我们提出建议，期待与读者朋友们进行交流！

本书编委会

2024年10月于四川成都